상처 너머 우리가 되찾을 것들

상처 너머
우리가 되찾을 것들

초판 1쇄 발행 | 2025년 2월 28일

지은이 | 권다미
펴낸곳 | 메이드인
등 록 | 2018년 3월 5일 제25100-2018-000014호
주 소 | 서울특별시 은평구 연서로10길 15-6
전 화 | 070-7633-3727
팩 스 | 050-4242-3727
이메일 | madein97911@naver.com
ISBN | 979-11-90545-60-0 03910

상처 너머
우리가 되찾을 것들

권다미 지음

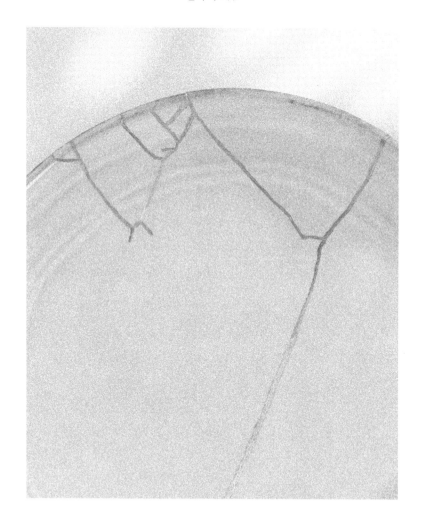

메이드인

✦

　남편이 다른 여자와 바람이 났습니다. 심지어 상대는 저와 가까운 사람입니다. 한동안, 아니 오랫동안 날카로운 칼날이 심장을 후벼파는 것 같았습니다.

　미친 사람처럼 살았습니다. 살아 있지만 사는 게 아니었고, 남은 자식 때문에 죽음마저 허락되지 않았습니다. 세상은 왜 내게만 냉혹한 건지 원망하며, 부서진 마음의 뾰족한 조각을 사람들에게 겨눴습니다. 사람들은 그런 저를 피하기 시작했습니다. 문득 고개를 들어 주위를 둘러보니 아무도 남지 않았더군요.

　분노가 잦아들자 미칠 듯한 외로움이 온몸을 덮쳤습니다. 세상으로부터 철저하게 외면받는다는 것이 이토록 차가운 것인 줄은 몰랐습니다.

　하지만 더 이상 주저앉아 있을 수만은 없었습니다. 고민에 고민을 거듭하던 중에, 우연히 저처럼 고통받는 사람의 문제를 해결해줄 기회가 닿았습니다. 그제야 비로소 제가 살아있다는 기분이 들었습니다. 이 일을 계속하고 싶다는 생각이 들었습니다. 이 세상 어딘가에 지금도 있을, 남모르게 고통받는 사람들을 돕는 일을 말이죠.

이 책에 나오는 이야기가 다소 불편하고 거북할 수도 있습니다. 이 이야기를 꺼내놓는 저 또한 쉽지 않았습니다. 그럼에도 이 이야기를 여기 꺼내놓는 이유는, '설마 나는 아니겠지'라고 생각하다가 아무런 징조도 없이 이런 문제들을 맞닥뜨렸을 때 받는 충격의 크기가 어느 정도인지 저는 알고 있기 때문입니다.

저는 처음으로 제 이야기를 세상에 꺼내놓으려 합니다. 타인의 문제를 해결하기 위해선 나부터 돌아보지 않으면 안 되기 때문입니다. 쉽지 않은 일이었지만, 이제는 조금 알 수 있을 것 같습니다. 문제를 감추기만 하면 언젠간 스스로 자멸하게 될 수 있음을 말이죠.

상담 현장에서 외도 문제는 매우 흔하지만, 상담자들은 이 문제를 꺼내기 어려워합니다. 그들이 이혼보다는 가정 유지하고 다시 화합하기를 바라기 때문입니다. 배우자 외도가 발생하면 자칫 파탄으로 이어져 이혼할 확률이 높습니다. 외도 종결은 물론 그로 인한 상처를 치유해야 하며, 부부 문제를 점검해야 합니다. 물론 외도자도 자기 분석, 치유, 분노하는 배우자의 상처와 고통을 알아야 합니다.

외도 관계가 정리되면, 잘못을 저지른 외도자만 바뀌면, 시간이 지나면 괜찮아질 것으로 생각하는 사람도 있습니다. 그렇지만 치유와 화합이 이루어지지 않으면 다시 정상적인 부부관계로 돌아가지 않습니다. 부부관계뿐만 아니라 모든 인간관계에 크고 작은 영향을 미치게 됩니다.

이처럼 외도 형태는 모두 다르더라도 누구에게나 심각한 트라우마로 남게 됩니다. 이 상처는 시간이 해결해주지 않습니다. 따라서 외도 문제를 창피하게 생각해 숨기기만 하거나, 외도한 배우자를 질타하기만 하다 보면 심리 장애에 빠질 수 있습니다. 그렇다고 양가 부모님께 알려 누군가 야단쳐주기를 바라는 것은 가족관계마저 극단으로 치닫게 합니다.

세상에는 이혼과 참는 것만 존재하는 것이 아닙니다. 인생 일대의 위기 상황에 후회 없는 결정을 하기 위해서는, 상대가 저지른 문제로 인해 흔들리지 않고 더욱 나의 중심을 잡아야 합니다. 외도문제 해결방법은 외도한 배우자와 살 것인지 말 것인지를 결정하는 것이 아니라, 그런 행동을 한 배우자에 관해서 알아보는 것에서 시작하고, 나에 관해서 알아보는 것으로 이어집니다.

사회규범, 도리, 상식을 기준으로 판단하고자 함이 아닙니다. 그를 알고 나를 알아야 해결 방안과 예방 그리고 유지를 위한 실마리를 찾을 수 있습니다.

외도 문제로 고통받는 사람들은 이 문제를 해결하기 위해 여러 가지 노력을 합니다. 그래서 외도 관련 책을 보거나 심리 이론을 공부하기도 하지만, 자기 사례에 적용하기 쉽지 않습니다. 간혹 외도에 관한 정보를 통해 이해하며 적용해봐도 결국 한계에 부딪혀 포기하는 경우가 많습니다. 실패 원인은 대부분 상황, 성격 등의 차이를 간과했기 때문입니다. 또한 이혼해야 하는지 참고 살아야 하는지를 결정하려는 심리적 압박을 견디지 못합니다.

어떤 사람이든 자기 문제는 객관적으로 판단할 수 없습니다. 특히 외도 문제에 직면하게 되면 더욱 그렇습니다. 상대 입장을 알지 못한 채로는 처절하게 노력해도 관계를 더욱 멀어지게 할 뿐입니다.

배우자 외도는 급격하게 심리적 불안을 유발시킵니다. 그로 인해 정상적인 판단력을 상실합니다. 따라서 이런 문제에 직면했다면 자기 심리에 문제가 발생했다는 것을 인지해야 합니다. 잠시 결정, 판단, 대화를 멈춰야 합니다. 이때는 전문가의 도움이 필요합니다.

저는 외도 문제를 전문으로 상담해왔고, 2012년부터는 행복연구소 상담법인으로 전환하여 지금까지 축적된 수천 건의 상담 경험을 쌓고 보고서를 작성했습니다. 또한 사례를 다각적으로 분석하고 토론하면서 다양한 심리 장애 및 중독 등을 치유할 수 있는 새로운 솔루션을 고안해 적용했습니다. 이는 오롯이 내담자의 애환과 저자의 삶을 통해 확인하고 정립할 수 있었습니다.

외도 문제를 해결하고 행복을 찾고 싶다면 가장 먼저 자신의 틀과 기준에 어긋난다 해도 이해하는 마음을 가져야 합니다.

이 책을 읽는 분들이 외도에 관한 이해와 해결을 바라며 아직 찾지 못했을 뿐, 해결 방법이 없는 것은 아닙니다. 희망을 놓지 않으시길 바랍니다.

권 다 미

차례

프롤로그   004

1장
저는 상처받은 여자입니다

::: 아빠의 여자, 버려진 가족   015
::: 발정 난 여자   023
::: 홀로 선다는 것은   036
::: 또 다른 세상   042

2장
떠도는 남편들 (남편 외도 사례)

::: 남편의 더러운 스트레스 해소법   051
::: 새로운 사랑이라는 착각   059
::: 남편이 남자와 모텔에   068
::: 변태 남편이 가르쳐준 것들   074
::: 혼외자 책임을 피하고 싶은 남편   083
::: 황혼의 늦바람   091
::: 친구와 남편이 10년씩이나   099
::: 17세 상간녀   108

3장

사라진 아내들 (아내 외도 사례)

::: 내 아내의 사생활   117

::: 상간남 도움으로 교수가 된 아내   124

::: 손가락만큼만 바람피웠다고   130

::: 딸보다 어려진 꽈배기 아내   135

::: 병원만 다녀오면 밝아지는 아내   140

::: 신부님 당신을 사랑합니다   146

::: 같이 살아주는 것만으로도 감사해야죠!   151

4장

부부 사이, 어긋남에서 회복까지

::: 외도에 직면하면   161

::: 외도가 반복된다면   172

::: 외도한 아내의 특징   179

::: 외도한 남편의 특징   186

::: 상간자의 적반하장   195

::: 성매매 원인과 특징   202

5장
남과 여, 다름과 착각

::: 행복의 기준   207

::: 감정을 기억하는 여자, 현상을 기억하는 남자   212

::: 지켜주는 남자, 보살펴주는 여자   216

::: 사랑   223

::: 성[性] 1 - 우리는 누구와 관계하는 걸까   229

::: 성[性] 2 - 사랑하는 사람과 좋은 관계를 원한다면   234

::: 대화는 소통과 다르다   242

::: 결혼 후   252

에필로그 | 우리 다시 행복해질 수 있을까?   265

상담 후기   268

있어서는 안 될
믿고 싶지 않은
하지만 알아야 할
우리의 이야기들

1장

저는 상처받은 여자입니다

배우자 외도는 모두 숨죽여 지켜볼 수밖에 없습니다. 가족들이 알게 될 경우 자녀의 삶에도 치명적 영향을 미칩니다. 좋은 인간관계는 믿는 마음에서 시작되지만, 부모의 외도를 겪은 자녀는 사람을 못 믿게 되고 의심을 알게 되어 인간관계에 어려움을 겪거나 작은 스트레스에도 예민해집니다.

아빠의 여자, 버려진 가족

　이른 아침 찬장을 뒤지는 아이는 라면 한 봉지를 찾아 밝은 표정으로 폴짝 뛰어와 언니들에게 끓여달라고 조릅니다. 먹을 게 없어 종일 굶던 아이들은 커다래진 눈으로 라면에 물 한 바가지 채워져 불붙은 석유풍로 위에서 끓는 라면을 주시합니다. 퉁퉁 불어야 넷이 먹을 수 있다는 큰아이 말에 모두 올망졸망 모여 앉습니다. 작은 손에 커다란 젓가락을 하나씩 들고 냄비에 생기는 기포 방울들을 뚫어져 바라봅니다.

　"기다려! 기다려! 조금만 더!"

　"와~ 이제 다 된 것 같아!"

　퉁퉁 불은 라면이 담긴 냄비가 드디어 방바닥에 놓이자, 아이들은 삽시간에 달려들어 후후 불며 허겁지겁 먹어댑니

15

다. 이제 막 네 살배기 막내는 언니들의 치열한 라면 쟁탈에 끼지도 못하고 등 뒤만 빙빙 돌다 털퍼덕 주저앉아 울음을 터트리곤 발버둥 칩니다.

"으앙~ 나도 좀 줘~."

때마침 핏방울 묻은 초록색 보자기에 소족 몇 개를 담아 머리에 인 엄마가 들어왔습니다. 마지막 라면 국물이라도 더 먹으려고 치열하게 달려드는 아이들 모습에, 엄마는 일그러진 표정으로 이고 온 보자기를 부엌 바닥에 내동댕이쳐 버립니다.

"못 살겠다, 정말. 동생부터 챙겨야지! 이놈의 계집애들아!"

엄마는 소리 지르고는 주머니에서 귤 두 개를 꺼내 막내에게 먹입니다.

몇 해 전까지만 해도 이들은 작은 집에 모여 살았습니다. 그런데 갑작스러운 불 때문에 거의 모든 것이 타버렸습니다. 가재도구 몇 개만 간신히 챙긴 가족은 갈 곳이 없었습니다. 이삿짐이라고는 커다란 보따리 하나가 전부입니다. 엄마는 막내를 둘러업고, 초록 보자기로 싸맨 가재도구를 머리에 이고, 남은 한 손으로 아이 손을 움켜잡은 채 한참을 걸어 뚝방 언저리 나무 아래에 멈췄습니다.

엄마는 서둘러 초록 보자기를 깔고 아이들을 차례로 앉히

곤 막내를 무릎에 재웠습니다. 보자기를 깐 바닥에 뒹굴며 자던 둘째가 땅바닥 돌멩이가 허리춤에 배겨 불편했는지 잠에서 깼습니다. 어느새 밤이 깊어져 하늘엔 별들이 총총 떠 있었습니다. 무심코 엄마를 바라보았습니다. 엄마는 무슨 생각을 하는지 한숨조차 내쉬지 않고 그대로 멍하니 하늘을 바라보며 돌부처처럼 밤을 꼬박 지새우고 있었습니다.

이른 아침 서둘러 도착한 집은 뚝방 옆이라 다들 뚝방집이라고 부르는 곳이었습니다. 새로 이사한 뚝방집은 작은 문을 열면 흙바닥에 연탄 부뚜막이 하나 있고, 부뚜막 뒤로 작은 방이 하나 있었습니다.

살던 집에 불이 나 이곳으로 이사 오기까지 아빠는 보이지 않았습니다. 온전히 엄마 혼자 불난 집 정리와 이사를 하며 딸들을 보살폈습니다. 아빠는 소를 사고팔기도 하며 잡기도 했습니다. 그 당시 돈을 꽤 벌었다는 말을 엄마에게 들었지만, 아빠가 집에 있는 기억은 많지 않습니다.

항상 신경이 곤두서있는 엄마는 딸들이 먹던 라면 냄비를 거칠게 치웁니다. 문밖에는 함께 살지도 않는 아빠 신발 한 켤레와 아이들 신발을 가지런히 정리하고는, 곧바로 소족을 삶고 면도칼로 털을 밀기 시작합니다. 밤새도록 그렇게 삶고 깔끔하게 손질한 소족을 다음 날 큰딸 머리에 이어주었습니다. 그리고 둘째와 함께 왕복 세 시간을 걸어 정육점에 가져다주고 품삯을 받아오게 했습니다. 이 돈은 쌀과 밀가루를 살 수 있는 가족의 유일한 생계비용이었습니다.

✦ 아빠의 여자

밤새도록 소족을 손질해 받아온 품삯으로 엄마는 밀가루를 샀습니다. 젓가락으로 콕 찍어 배꼽을 만든 예쁜 건빵을 만들어 딸들에게 먹였습니다. 전날 라면 한 개를 불려 먹던 딸들이 안쓰러워서일 겁니다. 온종일 밀가루 건빵을 먹고 아빠 신발을 문밖에 가지런히 내다놓고는 일찍 잠이 들었습니다.

그러다 갑자기 밖이 소란해졌습니다. 그 소리에 귀를 쫑긋 세워보니 술에 취한 아빠 목소리가 들렸습니다. 아빠가 가끔 집에 오는 날이면 못난이 사과를 마대 한가득 가져다주었습니다. 들뜬 마음으로 일어났습니다. 그런데 사과는커녕 아빠는 몸도 가누지 못할 정도로 술에 취해 엄마에게 이불을 깔라고 소통 치고 있었습니다.

아빠는 혼자가 아니었습니다. 아빠에게 바싹 붙어 팔짱을 끼고 비틀대는 여자가 있었습니다.

"내 일을 도와주는 사람이니까 얼른 인사해!"

그 여자에게 인사하라고 엄마에게 소리를 질렀습니다. 어린 눈에 봐도 그 여자는 화려하게 꾸민 것이 딱 술집 여자 같았습니다. 술에 취한 그 여자와 함께 자야 한다는 아빠. 엄마는 어쩔 줄 몰라 잠시 망설이다 그들을 방으로 들였습니다. 아마도 다닥다닥 붙어있는 옆집 사람들을 의식한 것 같습니다.

"야! 빨리 이불 가져와!"

아빠의 호통에 방으로 들어온 엄마는 윗목에 두꺼운 이불을 곱게 깔아주고, 딸들은 아랫목에 조르르 눕힌 뒤 밖으로 나갔습니다.

엄마가 나간 후 여자는 작은 소리로 말했습니다.

"자기야, 진짜 여기서 자도 돼?"

"에이, 왜 이렇게 안 풀리지?"

부스럭부스럭 소리가 났습니다. 긴장감에 침이 꼴깍꼴깍 넘어가고 심장이 콩닥거려 잠도 싹 달아났습니다. 하지만 그들에게 들켜 야단맞을까 봐 그냥 자는 척하며 숨죽여 지켜보았습니다. 지금까지 한 번도 부모님이 함께 잠자리에 드는 모습조차 본 적이 없던 터라 아빠가 다른 여자와 함께 자는 행위를 이해할 수 없었지만, 그들이 뭘 하는지 궁금했습니다. 그 여자와 아빠는 바로 잠들지도 않고 이불을 뒤집어쓰고 자기들끼리 킥킥대며 한참을 속닥거렸습니다.

엄마는 좁은 흙바닥 부엌에 쪼그리고 앉아 밤을 지새웠

습니다. 그것도 모자라 아침 일찍 상을 차려 아빠와 여자를
대접하고 그 여자와 한참을 이야기하고 두 사람을 배웅했습
니다.

✳ 처음 가본 아빠 집

가장이 돌보지 않는 가정은 참으로 처참합니다. 엄마는 작
은이모에게 부탁해 문간방 하나를 겨우 얻어 허드렛일을 도
우며 살았습니다. 엄마에게 남은 건 독기밖에 없었습니다.
사실 이모 집에서 나가면 노숙자와 다름없었고, 친척들마저
그렇게 버려진 엄마와 딸들을 대놓고 무시했습니다.

견디다 못한 엄마는 무슨 생각인지 근처에 살던 큰집을 찾
아 아빠를 수소문했습니다. 큰댁 큰아버지는 아빠와는 이란
성 쌍둥이로 합동 결혼을 하며 우애를 과시했었습니다. 하지
만 결혼 후 비슷한 시기에 큰댁은 아들을 줄줄이 셋을 낳았
고, 눈에 넣어도 아프지 않을 막내딸까지 낳아서 그런지 매
우 화목했습니다. 그렇지만 아빠는 줄줄이 딸만 넷이나 낳았
고, 그 책임과 핑계를 엄마에게 돌리며 자기 방탕을 합리화
했습니다.

아빠는 수시로 바뀌는 여자들과 큰댁을 왕래하며 가족처
럼 지냈습니다. 엄마는 늘 딸만 낳은 죄인이었습니다. 딸로

태어난 아이들은 친척들 눈에 거슬리는 거지 취급받으며, 길을 가다 인사해도 그들은 아는 척도 하지 않았습니다.

간신히 큰 엄마에게 아빠 연락처를 받은 엄마는 두 딸만 데리고 아빠가 있다는 대구로 가는 버스를 탔습니다. 불쑥 찾아온 우리를 보면 아빠가 어떤 반응을 보일지 모르겠으나, 대구로 향하는 버스 안에서 긴 시간 한숨도 자지 않는 엄마의 표정은 비장했습니다. 대구까지 가는 버스는 불편했지만 이상하게 버스만 타면 졸음이 쏟아졌습니다. 엄마가 깨워 일어나 보니 대구에 도착해 있었습니다. 한여름 대구는 너무 더웠습니다. 엄마 손을 꼭 잡고 또 버스를 타고 도착한 곳은 파란 슬래브 지붕으로 된 작은 집이었습니다.

엄마는 집주인을 찾아가 아빠 인상착의를 물었고, 집주인은 마치 예상했다는 듯 위아래로 우리를 훑어보고는 집 모퉁이를 손가락으로 가리켰습니다. 엄마는 이를 악물고 힘을 주며 빠른 걸음으로 그쪽을 향했습니다.

마침 자전거에 하얀 통을 싣고 있던 아빠는 화들짝 놀라 눈동자가 흔들렸습니다. 분노에 찬 엄마는 다짜고짜 아빠 머리채를 잡아 흔들고 자전거를 발로 찼습니다. 넘어진 아빠와 자빠진 자전거에 실려있던 하얀 통에서는 짠 내를 풍기는 시커먼 간장이 왈칵왈칵 쏟아져 나왔습니다.

"야~ 이 정신 나간 인간아! 네 새끼들은 매일 굶고 있는데 도대체 어떤 년 먹여 살리려고 간장 장사까지 하냐!"

그 소리에 놀랐는지 발목까지 덮는 꽃무늬 긴치마를 입은 여자가 도시락을 들고 놀라 뛰쳐나왔습니다.

"너니? 이 정신 나간 여우 같은 미친년아!"

아빠는 고함치는 엄마를 밀치고, 그 여자를 방으로 떠밀었습니다. 그렇게 난장판이 정리되는 것 같았지만, 이미 싸움을 구경하러 모여들어 쑥덕이는 사람들을 보자 엄마는 더욱 화가 치밀었습니다.

"처자식은 매일 굶으며 오갈 데 없는 거지로 만들고, 저런 년은 죽어라 먹여 살리냐!"

엄마는 주저앉아 악을 쓰며 오열하기 시작했습니다. 그렇게 악다구니 쓰며 울부짖는 엄마를 한 번도 본 적이 없었습니다. 주변 사람은 엄마를 달래며 한마디씩 했고, 집주인 아주머니는 우리를 자기 집으로 데려갔습니다.

그날 엄마는 아빠에게 다른 여자와 살든 말든 놔둘 테니, 딸들과 살 집 보증금을 마련해달라고 윽박지르고, 당장 들어주지 않으면 이곳에서 꼼짝하지 않고 계속 쫓아다닐 거라고 말했습니다. 그렇게 보증금을 받아내는 데 성공했습니다. 서울로 올라온 며칠 후 엄마는 아침 일찍 손수레를 빌려와 혼자 말없이 산동네로 이사했습니다.

반평생 남편 외도의 상처로 고통받으며 홀로 딸 넷을 억척스럽게 키워낸 엄마였습니다.

발정 난 여자

   며칠 전 늦은 시간까지 남편이 집에 들어오지 않았던 게 마음에 걸렸습니다. 그날부터 남편은 전화도 받지 않고 새벽이 되어서야 들어왔다가 곧바로 출근하곤 했습니다. 남편이 이른 아침에 들어왔길래 물었습니다.

   "외박한 거니?"

   남편은 짜증 난 말투로 갑자기 친구가 와서 사무실에서 술 마시고 취해 잠들었다가 새벽에 깨서 들어왔다고 합니다. 믿지 않았지만 그냥 넘겼습니다.

   남편과 운영하는 학원에 영어 강사로 근무하며 저와 언니 동생처럼 지내던 A의 행동이 이상해진 건 그날부터였습니다. 내 옷을 자주 빌려달라 하고 자기 애들을 몇 시간만 봐달라며 아이들을 맡겼습니다.

며칠 뒤에는 이런 이야기도 했습니다.

"샘! 저 오늘 산부인과 다녀왔어요."

"무슨 문제 있어? 왜 자꾸 산부인과를 다니니?"

A는 새로 개업한 산부인과 남자 원장이 잘생겼다는 소문을 듣고 다녀왔다고 합니다. A는 남편과 연애결혼을 했지만, 남편의 작은 체형과 자기보다 작은 키가 싫어졌다고 합니다. 더 싫은 건 잠자리가 맞지 않아서 힘들다며 긴 하소연을 늘어놨습니다. 아이 둘 낳고 10여 년을 살았는데 그게 그렇게 중요한 거냐고 물으니, 자기는 그렇답니다.

A는 어릴 적 부모를 따라 해외로 이민을 갔습니다. 그리고 스무 살이 되기 전에 부모의 이혼으로 혼자 살다 무작정 한국으로 왔습니다. 외국에 있을 때는 다양한 인종과 사귀며 성관계를 즐겼다고 합니다. A는 한국에 들어와 곧바로 일을 찾다가 동네 학원 영어 강사 일을 시작했고, 지금의 남편도 만나 결혼했습니다. 하지만 사랑보다는 정착할 곳이 필요해서 했던 결혼이었다고 합니다.

그런데 A는 결혼 후 남편의 일방적인 성관계 요구와 1분도 지속하지 못하는 심한 조루 탓에 성적 욕구만 더 커졌다고 합니다. 아이를 출산하고 양육에 몰입해 있을 때는 잠시 잊었지만, 몇 년 전부터는 다시 꿈틀대는 성적 갈증이 심해졌다고 합니다. 그러다 우연히 가게 된 산부인과에서 진료 도중 의사의 내진이 너무 좋아서 의사가 남자인 산부인과만 골라 주기적으로 다닌다며 흡족한 표정을 지었습니다. 남자 의사가 잘생겼다는 이야기가 들리면 무조건 병원으로 달려갔다고 합니다. 요즘은 잘하지도 않는 내진을 어떻게든 요구했고, 간혹 의사가 유혹에 걸려들면 하룻밤이나 잠시 동안 성관계 파트너로 삼았다고 했습니다. 정신 차리라는 조언만 하고 가볍게 넘겼습니다.

그러던 어느 날 A가 회식 좀 하자며 졸라댔습니다. 학원 회식이라고는 선생님들과 저녁 식사하는 게 전부였는데, 말을 들어보니 그동안 내가 좀 너무 심했나 하는 생각이 들기도 했습니다. 그날 저녁 회식을 하고 A의 요구로 남편과 셋이 노래방을 갔습니다.

노래방에 도착한 A는 남편이 멋지다며 그에게 붙어 앉아 귓속말을 주고받았습니다.

"오늘 하루만 내가 원장님 파트너 하고 싶은데, 언니가 질투하려나?"

장난처럼 말하고는 곁눈으로 나를 한 번씩 힐끔대며 쳐다봤습니다. 기분이 상했지만 설마 자기 아내를 앞에 두고 이런 기만까지 하는 쓰레기는 아니겠지 생각라며 이해하기로 했습니다.

A는 "언니 정말 화 났나 보네!" 하며 남편과 낄낄거렸습니다.

☀ 은밀한 만남

어느 날 저녁, 평소 하지 않던 아침 차량 운행을 해주겠다며 피곤할 텐데 더 자라는 남편이 하나도 고맙지 않았습니다. 안 하던 짓을 하니 오히려 불안했고 신경이 예민해졌습니다. 그래서인지 아침잠이 많았지만 그날따라 일찍 눈이 떠졌습니다. 정신도 이상하리만큼 맑았습니다.

'뭐지, 이 이상한 기분은?'

종일 학원 아이들 교육과 보호 그리고 차량 운행까지 하고 나면 긴장이 풀려 다른 생각은 할 겨를도 없는데, 그날은 기분이 너무 이상했습니다.

불현듯 A의 집에 가야 할 것 같은 생각이 들어 곧바로 A의 집으로 향했습니다. 주차장에서 A의 차를 찾아봤지만 어디에도 없었습니다.

'이 시간에 없을 리가 없는데.'

평소 A의 생활 방식을 잘 알고 있던 터라 그 시간에 갈만한 곳을 찾았습니다. 문화센터 주차장에 주차된 차를 발견했습니다. 확인해보니 A는 문화센터에 오지 않았다고 했습니다. 그렇다면 A는 이곳에 주차를 한 뒤 누군가와 어딘가로 갔고, 다시 돌아올 것이었습니다. 그때부터 심장이 터질 듯 요동쳤습니다. 바로 남편에게 전화하니, 한참 후에야 어색하게 전화를 받으며 차량 운행을 마치고 출근 중이라고 했습니다.

"할 얘기 있으니 점심 먹으며 얘기 좀 해!"

남편은 그렇게 하겠다며 급히 전화를 끊었습니다. 좋지 않은 예감이 확실한 것 같은 직감이 들었습니다.

A의 차가 주차된 뒤편에 한 시간 정도 기다렸습니다. 이윽고 도착한 낯익은 차는, 남편의 차였습니다. 조수석에는 여자의 실루엣이 보였습니다. 두 사람은 나를 보지 못한 듯했습니다. 남편의 차에서 내린 건 역시 A였습니다. 잔뜩 화난 A가 전날 내게서 빌려간 원피스를 입고 있었습니다. 서둘러 차에서 내린 A는 자기 차를 몰고 어디론가 향했습니다. A는 우리 집으로 향했습니다.

"언니, 어디 갔다 온 거야? 아이참, 아침부터 정말 짜증 나고 배고픈데 나 라면 하나 끓여주면 안 돼?"

뻔뻔한 A를 급히 나가야 한다는 핑계로 돌려보냈습니다. 그때부터 창피한 이 문제를 어떻게 해결할 것인지 고민하기 시작했습니다. 시간이 흐를수록 지옥 같은 감정에 칭칭 감겨 꼬박 일주일을 집에서 꼼짝도 하지 못했습니다. 잠 한숨 잘 수 없었고 세상이 꽁꽁 얼어붙은 듯 멈춰버렸습니다.

꾹 참고 견디다 이대로 죽을 것 같아, 남편에게 A와의 관계를 알고 있으니 거짓말하지 말고 솔직히만 얘기해주면 좋겠다고 말했습니다. 실수라고 하면 눈감아줄 생각이었습니다.

하지만 남편이란 놈은 내 말이 끝나기 무섭게 쏘아붙였습니다.

"너 정신이 이상한 거지? 무슨 증거로 그런 말을 해? 소설을 써라, 아예!"

오히려 화를 내고는 나가 버렸습니다. 차라리 내가 정말로 미쳐서 돌아버린 거였다면 좋았을 것을……. 하지만 지금은 미칠 수 없었습니다. 확실한 물증을 찾아 응징하리라 다짐하며 일렁이는 분노의 감정을 눌러놓았습니다. 바람을 피우고 있는 게 분명한데 심증만 있으니, 뭐든 확실한 증거가 필요했습니다.

일주일 만에 아침 일찍 A를 불렀습니다. 내가 의심하고 있는 상황을 모를 리 없는 A를 집으로 데려와, 막걸리 한 통에 소주 한 병을 대접 한가득 쏟아부어 섞었습니다. A에게 무조건 마시라고 내밀었습니다.

"너와 내 남편과의 관계, 다 알고 있어. 사실대로만 얘기해. 그러면 내 마음에 답답한 게 풀어질 테니 그냥 조용히 이혼할 거야. 하지만 끝까지 숨긴다면 네 남편하고 이야기할 거야. 사실만 있는 그대로 말해."

　잠시 고개를 떨구고 어두운 표정으로 연거푸 술을 마신 A
는 자기 남편에게만은 얘기하지 말아 달라며 울기 시작했습
니다.

　"정말 미안해, 언니. 언니 남편이 말하지 말라고 했는데.
사실은 얼마 전에 언니 남편이 할 얘기 있으니 술 한잔하자
고 전화 왔었어⋯⋯. 이런저런 이야기 끝에 내 남편과의 잠자
리 문제를 털어놨어. 정말 한 번이라도 좋으니 결혼 전 느꼈
던 그 느낌을 느껴보고 싶다고 그랬어. 그랬더니 앞으로 한
달 안에 싹 고쳐주겠다고⋯⋯. 그래서 하자는 대로 아침엔 모
텔이나 회사에서 관계했고, 밤에는 으슥한 데서 차 안에서
도 했어. 그런데 언니, 사실은 한 번도 느끼지 못했어! 정말이
야!"

　그렇게 그녀의 이야기를 녹음했습니다.

　✦ 악연의 끝

　집으로 돌아오는 길, 왠지 헛웃음만 나왔습니다. 집에 도
착하자 그새 A와 통화를 했는지 집에 있던 남편이 뛰어나왔
습니다.

　"별거 아니야. 아무것도 아니라니까! 걱정하지 않아도 돼!"

헛웃음을 지어 보였습니다. 오래전 임신했을 때 아르바이트하던 여자와 바람피우다 들키자 남편은 그때도 이런 식으로 변명했습니다. 한두 번 바람피운 것도 아니고, 뭘 바라고 이제껏 억척같이 살았는지. 바람피운 그들보다 미련하게 이제까지 살았던 내가 더 문제였다는 생각이 들자, 더는 화도 나지 않았습니다.

아무 감정 없이 이젠 모든 걸 정리해야겠다는 생각으로 멍하니 있는데, A가 문자를 보냈습니다.

"언니, 정말 이혼할 거예요? 훔쳐 먹는 사과가 맛있다고들 해서, 나는 그냥 더 빨리 치료받고 싶은 마음에 몰래 만났던 거야. 훔친 사과니까 더 잘되지 않을까 해서. 사랑한 것도 아니고 치료도 되지 않았으니까 너무 마음 쓰지 않았으면 해요."

더 이상 상대할 가치조차 없는 사람에게 대꾸할 이유도 없고, 감정을 소모할 필요도 없었습니다. 그 순간 남은 자존심마저 사라져 버렸습니다. 그때부터 모든 감정이 사라져 어떤 감정도 느껴지지 않았습니다. 누군가의 아내로서 가정을 지키며 평범하게 살기를 바랐지만, 제게는 허락되지 않은 일이었습니다.

우여곡절을 겪으며 20여 년을 꾸역꾸역 살아왔지만, 이젠 모두 내려놓아야 할 때였습니다. 이혼 준비를 하며 하나씩 정리를 했습니다. 남편에게 이혼서류를 건네자 그가 말했습니다.

"너 지금 이게 뭐 하는 건지 아니? 이거 접고 카페나 식당하면서 살자. 내가 모임에서 사람들 데리고 올 테니까, 네가 음식하고 운영해."

어떻게 이런 사람과 지금까지 살아온 걸까요. 명문대 나와 인맥 좋고 촉망받는 기업인이라 인성도 바를 거라 믿었습니다. 뭐든 마다하지 않고 가족을 지킬 책임감 있는 사람으로 판단한 건 온전히 내 착각일 뿐이었습니다. 학벌과 인성은 비례하지 않았습니다. 그제야 깨달았습니다.

그렇게 정리를 서두르며 이혼 접수를 했지만, 모든 게 정리된 건 그곳을 벗어나고서도 3년이 지난 뒤였습니다.

이혼 후의 삶은 막연했지만 두렵지는 않았습니다. 분명 길이 있을 것이고 내가 아직 찾지 못했을 뿐이라는, 어찌 보면 막연했지만 희망이 있었습니다. 그때의 막연한 희망은 무엇이든 가리지 않고 할 수 있는 힘이 되어주었습니다. 그동안의 고통은 다른 사람의 고통조차 품을 수 있게 된 계기가 되어주었다고 생각해봅니다.

✴ 용서

자녀의 이혼은 부모에게도 불행한 일입니다. 더구나 가진 것 없이 이혼해 부모에게 의탁한다면 그로 인한 근심 걱정은 배가 됩니다. 가정을 이루고 사는 형제자매는 불행해진 혈육을 안타까워합니다. 주거 공간이 같다면 신경 쓰지 않아도 될 걱정과 별것도 아닌 일로 서로 눈치 보며 불편해집니다. 같이 살지 않으면 쓰지 않아도 될 신경과 크고 작은 스트레스와 상처를 주고받는 경우가 많아집니다.

이혼하고 친정에 들어간 지 얼마 지나지 않아 무슨 오해가 있었는지, 동생이 부모님과 함께 제가 있던 위층으로 올라와 갑자기 원망의 말을 퍼부었습니다. 순간 안전핀 빠진 수류탄처럼 억눌린 감정이 폭발해 다툼이 과격해졌습니다.

다 큰 자식들의 다툼에 놀란 아버지의 개입이 오히려 감정에 불을 지폈습니다. 누구에게도 위로받지 못한 채 억눌린 울분과 눌러왔던 상처의 날은 더욱 날카롭게 했습니다. 간신히 동생을 아래층으로 내려보낸 아버지는 가라앉은 목소리로 입을 열었습니다.

"네가 아무리 이혼하고 힘들어도 동생한테 그러면……."

아버지의 말이 끝나기도 전에 감정이 복받쳤습니다.

"지금 마음이 어떠세요? 젊은 시절 처자식 버리고 몇십 년을 바람피우며 연락도 없이 살다가 다 늙어 자식들이 마련해놓은 집에 들어와 사니 편하세요? 자식들 방치한 덕에 다들 그렇고 그런 놈 만나 산 거 아니에요! 아버지처럼 능력도 없고 바람이나 피우는 쓰레기 같은 놈이랑 이혼하고 아무것도 없이 이 꼴 됐어요. 갈 곳도 없이 너덜너덜해진 자식을 보는 기분이 어떠세요? 나한테 아무 말도 하지 마요! 무슨 자격이 있다고. 이게 다 아버지 때문이잖아요!"

이혼한 딸에게 위로의 말을 해주려던 아버지는 아무런 말도 하지 못했습니다.

그 일이 있고 난 후 아버지는 말이 없어졌습니다. 같은 공간에 있을 때면 아버지는 고개도 푹 숙이며 시선을 피했습니다. 다음 날 아버지는 한 번도 가본 적 없는 선산에 처음으로 같이 가면 안 되냐고 제게 물었지만 시간이 없다며 거절했습니다. 혼자 선산에 다녀온 아버지는 종일 술을 마시고는, 이른 저녁 조용히 방으로 들어가 또 술을 마셨습니다.

"쿵, 쿵, 쿵!"

아버지 방에서 무언가 세게 부딪치는 소리가 들려왔습니다. 불안해졌습니다. 알코올 중독이던 아버지는 낮부터 글라스 잔으로 술을 마셨고, 속이 거북하면 벽을 차거나 머리로 들이받았습니다. 스트레스를 늘 술로 풀던 그 모습은 너무도 익숙한 일상이었습니다.

반평생 바람피우다 오갈 데 없는 노인이 되어 자식들 집에

들어와 눈치 볼 수밖에 없었던 아버지에겐 술이 유일한 쉼이
자 동반자였습니다. 아무리 술을 마셔도 한 번도 방문을 잠
그지 않았었는데, 그날은 잠겨있었습니다. 엄마는 열쇠를 찾
아 방문을 열었습니다. 어지럽혀진 방과 거친 숨을 쉬며 초
점 없이 천장을 응시하며 누워있는 아버지를 보자 방문을 세
게 닫았습니다.

"어휴, 그놈의 술!"

평생 집을 나가 매번 다른 여자와 살다 가끔 집에 들렀던
아버지. 그의 술과 폭력적인 주사는 주변에 모르는 사람이
없을 만큼 유명했습니다. 자녀에게 가장의 주사와 폭력 폭언
은 평생 잊을 수 없는 불안으로 남습니다. 수십 년을 숨죽이
며 불안에 떨었어도 이상하게 익숙해지지 않았습니다. 술에
취한 사람과 마주하는 것은 그들에겐 두려움이고 트라우마
이기 때문입니다.

몇 시간 후 방문을 열고 다시 들어가 보니 여전히 그 상태
였습니다. 아버지의 거친 숨소리가 이상했지만, 엄마는 과음
때문이니 괜찮을 거라고 했습니다. 하지만 다음 날 아침까지
도 아버지는 의식을 찾지 못했고, 아버지의 숨소리는 더 거
칠어졌습니다. 불안한 마음에 방문을 열어두고 잠시 통화하
며 무심코 고개를 돌려 바라봤을 때, 거친 숨을 몰아쉬던 움
직임이 갑자기 멈췄습니다. 순간 당황하고 너무 놀라 소리치

며 구급차를 불러 병원으로 이송했습니다. 하지만 이미 호흡할 수 없게 혀가 말려 목구멍을 막아 사망했다는 의사 말이 먹먹하게 들려왔습니다.

물이라도 드렸어야 했었다는 무지에 후회가 밀려들었습니다. 하지만 너무 늦어버렸고 평생 가족들 가슴에 씻을 수 없는 대못을 박은 아버지, 늘 애증했던 사람, 그 모습이 마지막이었습니다.

홀로 선다는 것은

죽으란 법은 없는지 지인 소개로 일본에서 사업하는 사람을 소개받았습니다. 일본인과 결혼한 그 사람은 한국에서 아동복을 구매하여 일본에서 판매하고 있었습니다. 그녀에게 필요한 것은 아동복을 저렴하게 구매할 수 있는 유통경로였습니다. 그것만 연결해 주면 일본에서 무슨 일이든 할 수 있도록 도움을 준다고 합니다. 한번 해보자는 생각에 인맥과 정보를 동원해 아동복 덤핑 업장을 찾아 소개해주었습니다. 그 덕에 그분은 매우 많은 차익을 남겼습니다.

그 일을 계기로 저는 일본을 자주 방문하며 잡다한 일들을 했습니다. 온종일 "이랏샤이마세いらっしゃいませ"를 외치며 일본인들의 관심사를 주의 깊게 살피고 궁리하며 시장을 조사했습니다. 그러는 동안 그녀와의 관계도 가까워졌고 홀로

서기 할 수 있는 아이템과 구체적인 계획도 세워졌습니다.

하지만 잘 진행될 것만 같았던 일이 시작도 하기 전에 비자라는 벽에 부딪혔습니다. 도와준다고 약속한 그녀는 어떠한 도움도 주지 않았습니다. 답답했지만 기다릴 수밖에 없었습니다.

한국으로 귀국하기 이틀 전, 그녀는 갑자기 지갑을 분실했다며 매장에 아르바이트 직원에게 의심되는 사람이 있냐고 물어보며 경찰을 불렀습니다. 자기 지갑은 고가의 제품이고 한화로 1천만 원가량 들어있다고 했습니다.

일본어를 전혀 몰랐기에 무슨 말을 하는지도 도무지 알 수 없었습니다. 일본 경찰은 그녀 남편을 불렀고 직원과 매장에 있던 손님을 모두 조사해야 한다고 했습니다. 어리둥절하게 서 있는데, 일본 경찰이 제게 다가와 조사해야 하니 경찰서로 가자고 했습니다. 긴 시장길을 가로질러 일본 경찰에게 둘러싸여 경찰서로 향했습니다. 그때까지도 왜 나만 데려가는지 알 수 없었습니다.

경찰서에 도착 후 이런저런 질문을 받았습니다. 특이점이 발견되지 않자 경찰은 이렇게 물었습니다.

"네 가족을 걸고 맹세코, 네가 그 지갑을 가져가지 않은 게 맞냐?"

그제야 내가 지갑을 가져간 것으로 모함당했다는 사실을

알았습니다. 하나밖에 없는 딸을 걸고 남의 것을 훔치는 어리석은 행위는 하지 않는다고 당당히 전했습니다.

곧바로 경찰서를 나와 돌아오는 길에 그녀의 남편과 그녀는 저를 차로 픽업했습니다. 그녀의 남편이 제게 미안하다고 했지만, 정작 그녀는 조용했습니다. 집에 도착할 무렵 그녀의 남편이 갑자기 자동차 글로브 박스를 열어보고는 그녀를 무섭게 노려보며 꾸짖었습니다. 글로브 박스에서 지갑을 발견한 그녀의 남편 덕분에 도난 사건 누명을 벗게 되었습니다.

돌아와 보니 제 가방을 뒤졌는지 엉망이 되어 있었습니다. 그녀 남편은 집으로 들어오자마자 큰 소리로 그녀를 야단쳤습니다. 그녀는 제게 미안하다며 무릎을 꿇고 사과했습니다.

하지만 더 이상 그 집에 있고 싶지 않았습니다. 그 길로 가방을 들고 무작정 나왔습니다. 내 인생은 늘 무작정이던 때가 많았던 터라 일본어를 전혀 몰랐지만 두렵지는 않았습니다.

사방이 어두운 늦은 밤 낯선 곳에서 어디로 가야 하는지 방향도 목적지도 없이 몇 시간을 걸었습니다. 다리도 아프고 목도 마르던 차에 음료수 자판기를 발견하고는 그 앞에 쭈그려 앉았습니다. 작은 일본어 여행책을 꺼내 한참을 찾아보며 몸을 녹여줄 따뜻한 음료수 버튼을 눌렀지만, 차가운 음료였습니다. 추운 날씨에 차가운 음료밖엔 없지만, 혼자서는 따뜻하고 되뇌었습니다.

공항과 주변 숙소로 갈 방법을 궁리하고 몇 시간 동안 필요한 단어를 뒤져 간신히 항공권을 변경했습니다. 밤을 꼬박 새워 우여곡절 끝에 무사히 한국에 도착하니 그녀의 남편에게 문자가 와 있었습니다.

"당신이 지갑을 훔쳤다는 건 모함이지만, 여기 있는 누구도 당신을 도와주지는 않을 겁니다. 그러니 이곳에 다시는 돌아오지 않았으면 합니다. 무슨 일을 하든 당신은 반드시 성공할 겁니다. 그간 고마웠고 미안합니다."

번역기를 돌려 한국말로 보낸 듯했습니다. 그게 그분의 마지막 배려였던 것 같습니다.

희망에 차 시작했던 일이 무산되고, 모든 걸 처음부터 다시 시작해야 한다는 생각에, 집으로 돌아온 후 깊은 절망과 좌절감에 빠졌습니다. 당장 아이 교육비며 들어갈 돈도 많은데 기본적인 것조차 할 수 없는 무능함에 가슴이 조여왔습니다. 정말 잘할 수 있었고 자신도 있었는데, 소중한 시간을 빼앗겨 버렸습니다. 급할수록 돌아가라는 말과 절실할수록 사기당한다는 말을 절감했습니다.

✦ 꿈

눈물 흘릴 감정도, 슬픔을 느낄 여유도 없다고 여겼지만 가슴이 터질 것 같아 소리죽여 밤새워 눈물지었습니다. 일을 찾기 위해 이곳저곳에 메일을 보냈습니다. 앞날이 캄캄하고 아무것도 보이지 않았지만, 주저앉을 수도 없는 처지였습니다.

울다 지쳐 생전엔 찾지도 않던 돌아가신 아빠에게 도와달라며 흐느끼다 책상에 엎드려 깜빡 잠이 들었습니다. 꿈속에 우리 네 자매는 현관 입구에 주욱 서 있었습니다. 아버지가 무표정한 얼굴로 거실로 들어오시며 동생과 언니를 지나 내 앞에 멈추었습니다. 아버지는 갑자기 머리에 걸친 금테 안경을 건네주었고, 미소 지으며 말씀하셨습니다.

"이거 이제 네가 써라!"

저는 어리둥절한 채 물었습니다.

"왜요? 나는 눈도 좋은데?"

"그냥 쓰라면 써!"

아버지를 그 말씀만 남긴 채 나가셨습니다.

너무도 생생한 꿈이라 이런저런 생각을 했습니다.

'아버지가 정말 다녀가셨나? 벌써 기일이 다 되었나? 무슨 꿈이지?'

그런데 어젯밤 정신없이 메일을 보냈던 카페 중 한 곳에서 답장이 왔습니다. 좀 특별한 부부 문제 상담을 하는데, 자세한 얘기는 만나서 하자는 제안이었습니다. 메일을 주고받다 보니 우연인지 인연인지 같은 도시, 같은 동네에 사는 사람이었습니다. 그것도 친정과는 걸어서 10분 거리였고, 돌아가신 아버지가 늘 다니시던 길목에 사는 동갑내기였습니다.

다음 날 만나 이야기를 했지만, 무슨 일인지 정확히 알 수는 없었습니다. 하지만 누구에게도 의지하지 않고 혼자 할 수 있는 일을 찾아야 했던 절실함에 앞뒤 재고 가리거나 두려워할 시간이 없었습니다. 그 친구가 볼 때는 내가 이 일에 딱 맞는 적임자라며 같이 하면 좋겠다고 했습니다. 긴 시간 이야기를 끝으로 다음 날 상담 때 같이 내담자에게 가보자고 제안했습니다.

또 다른 세상

　새벽부터 몇 시간을 달려 도착한 곳에는 초조해 보이는 중
년 남자가 불안한 모습으로 기다리고 있었습니다. 자초지종
을 들어보니 아내의 외도 문제였고, 그의 아내는 이혼하자는
말밖에 다른 대화는 전혀 하지 않고 있다며 고통스러워했습
니다. 초췌한 모습에 불안해하던 남자는 상담 시작과 동시에
이야기를 쏟아내었습니다.

　사연을 들으니 아내의 현재 심경과 남편이 바라는 것이 무
엇인지 알 수 있었습니다. 5시간이 넘는 상담을 마치고 남자
는 처음과 달리 한결 가벼워진 듯 다음 상담을 잡았습니다.
의뢰인들의 사연은 다양했지만 유독 외도에 관한 사례를 듣
다 보면 어느 단계인지 가늠이 됐습니다.

　이토록 외도 사례가 익숙하고 의뢰인의 마음을 이해하고

공감할 수 있었던 것은 나와 가까운 사람들의 다양한 이혼 사례 경험 덕분이었습니다. 그렇게 짬이 나는 대로 상담하며 공부하고 관련 자격을 취득했습니다.

✦ 교만

상담 일을 시작하고 나서는 세상을 다 얻은 것 같았습니다. 나를 찾는 사람이 줄을 서는 게 내가 잘나서인 줄 알고 점점 교만해졌습니다. 그 시기에 기다렸다는 듯 문제가 발생했습니다.

처음 일을 시작했을 땐 남자는 영원히 믿지 말아야 할 쓰레기라고 생각했습니다. 남자가 진심, 책임감, 사랑 따위를 말하는 건 그 순간을 모면하려는 이기적인 의도일 뿐이라는 그릇된 신념도 있었습니다. 당시에는 이혼이 오히려 행복해질 기회라며 강하게 권하기도 했습니다. 화합해야 할 부부에게 이혼을 부추기기도 했는데, 돌이켜보니 매우 감정적인 상담이었습니다. 이혼하지 않으려는 내담자가 가끔은 답답하고 이해되지 않을 때도 많았습니다.

그런데 이런 제 생각을 바꾼 사례가 생겼습니다.

남편의 외도로 고통과 분노를 주체 못 하고 분노하는 아내가 있었습니다. 아내의 분노를 묵묵히 감내하며 지내던 남편이 어느 날 자살한 것이었습니다. 남편은 잘못을 반성하며 잘 이겨내는 줄 알았지만, 알고 보니 남편은 이 모든 게 자신 탓이라며 자책하다 자살에 이르고 만 것이었습니다.

처음 남편의 외도 사실을 안 아내는 엄청난 분노를 통제하지 못했습니다. 남편은 자신이 그만큼 잘못한 거라며 아내가 원하는 모든 걸 다 해주었습니다. 그 남편의 외도 기간은 10년이었고, 아내가 남편 외도를 알고 분노를 주체하지 못한 지 1년도 채 되지 않았습니다. 그 부부와는 소주 한잔했던 친분이 있었던 터라, 남편의 자살은 큰 충격이었습니다. 남편의 자살을 무책임이라 생각했고, 그를 이해하지 못했습니다.

그런데 그 무렵 또 한 명의 내담자가 비슷한 사례로 자살한 사건이 연달아 생겼습니다. 전 깊은 고민에 빠졌습니다.

'자기가 바람나서 상간녀 좋다고 이혼만 해달라며 난리 칠 땐 언제고?'

그 남편들의 마음을 도무지 이해할 수 없었습니다.

그때부터 상담이, 사람이 무섭고 두려워졌습니다. 뭘 잘못한 건지 두 사건의 충격으로 정신이 혼미해졌습니다. 누구와도 마주할 수 없었고, 두려움과 죄의식에 자신감을 잃어 모든 걸 멈추었습니다. 아무것도 하지 못한 채 그렇게 시간만 흘렀습니다.

아버지 기일쯤 이 일을 처음 시작하며 생생하게 꿨던 아버지의 안경 꿈이 불현듯 떠올랐습니다. 아버지에 대한 죄의식과 제가 아버지에게 퍼부었던 폭언의 기억이 되살아났습니다. 그러자 마음이 저리고 아버지의 삶이 이해되기 시작했습니다. 제가 이혼하고 친정에 오지 않았더라면 아버지는 살아계셨을 테고, 친정 부모 형제들도 힘들어하지 않았을 거라는 후회가 밀려와 또 다른 고통이 시작되었습니다.

그런데 자살한 두 남편이 했던 말과 행동이, 아버지가 긴 외도를 정리하고 돌아온 후에 보였던 언행들과 일치한다는 것이 느껴졌습니다. 순간 소름이 돋으며 등골이 오싹했습니다. 내 잠재의식 속에는 남자에 대한 증오와 경멸이 있었습니다. 아무나 잠자리할 수 있는 그들은 짐승인 줄만 알았습니다.

남편들은 수년간 바람피우고 고통받는 아내를 두고 자살로 회피했다고 생각했는데, 그게 아니었습니다. 내 하찮은 신념 때문에 전부 뒤틀려 버렸습니다.

경험해보지 못한 사람은 절대 알 수 없는 배우자 외도의 상처, 죽음보다 더한 그 고통을 견디며 그럼에도 살기 위해 몸부림치는 사람들…….

처자식을 두고 떠난 그들의 극단적인 행동은, 아내와 가족에게 해줄 수 있는 마지막 사죄였습니다. 아무도 알아주지 않는 혼자만의 참회였습니다. 그들의 비극적인 선택이 무책임과 회피가 아니라는 것을 일깨워준 충격적인 사건이었습니다.

✦ 절박함은 사람을 바꾼다

차라리 이혼하지, 왜 극단적인 선택을 했는지 그 마음을 더 깊고 자세히 알고 싶어졌습니다. 그날부터 외도 불륜 성 관련 온갖 자료와 정보를 뒤지기 시작했습니다. 사랑이 도대체 뭔지 그 개념부터 다시 찾아보며 고민에 빠졌습니다.

그리고 얼마 걸리지 않아 가치 없는 엇나간 감정 때문에 배우자에게 상처를 준다고 생각했던 남자들의 심리와 삶, 사랑과 열정이 하나씩 정리되기 시작했습니다.

심리를 알고, 이해하고, 인정하는 과정을 거쳤습니다. 다시 사람들과 마주하기까지는 적지 않은 시간이 걸렸습니다. 사랑과 행복 등을 정리하고 확인한 후 제 상담은 완전히 달라졌습니다. 누구도 알려주지 않았던 성 심리도 분석되었습니다.

그 무렵 몸살도 아닌 심한 열병을 앓으며 마치 내가 아수라 백작이라도 된 듯이, 저를 완전히 채운 여자 심리가 점점 빠져나갔습니다. 그리고 그 남은 반쪽에 남자 심리가 채워졌습니다.

젠장! 남자, 그들이 느껴지고 이해되기 시작했습니다.

남들보다 더 많이 겪은 다양한 외도 사례와 수많은 내담자, 그들의 처절한 사연과 지식을 더해, 파고 뒤지며 연구와 토론을 거듭했습니다. 그러는 동안 한편으론 마음 한곳이 공허해졌습니다. 지금까지 살아오며 남자에게 받았다고 철석같이 믿었던 상처의 원인이 분석되니 허탈했습니다.

남자의 보호 본능과 사랑, 책임과 감정, 기억과 행복 등 이 확인될 때마다 상처 대부분은 내 기준에 의한 착각이 많음을 비로소 인정하게 되었습니다. 그렇게 남자의 깨달음과 사랑 등 그들의 심리작용을 결국 인정했습니다.

"남자도 여자의 모성애와 견줘 절대 약하지 않은 사랑이라는 무덤을 파는구나!"

이를 확인하자 갑자기 남자, 그들이 불쌍해지기까지 했습니다. 이런 특이한 경험과 느낌은 다른 사람들은 쉽게 이해하지 못할, 말로 표현하기 어려운 부분입니다.

배우자의 외도를 겪어보지 않은 사람들은 이해하기 어렵습니다. 하지만 아버지와 스스로 생을 마무리한 남편들의 진심 어린 참회와 자책, 누구에게도 말하지 못하는 고통과 비참한 심경을 그제야 알게 되었습니다. 그런 경험 때문인지 외도를 하면서 거짓말하는 사람을 찾아내는 눈이 어느새 하나 더 생겨버렸습니다.

2장

떠도는 남편들

남편 외도 사례

외도 사례 대부분은 결말은 어둡고 병든 성 이야기다.
하지만 외도 당사자들은 애틋하고 로맨틱한 러브스토리라고 말한다.

※ 외도 상담은 들어주고 위로해주기보다 해결과 화합 목적의 '종합상담 컨설턴트'입니다. 심각한 위기에 처한 가정은 사건 사고의 위험에 직면해 있기에 상담은 때로 거칠기도 합니다. 소개할 사례들은 실제 사례를 각색한 것으로써, 자신의 상황과 같다고 섣불리 적용해서는 안 됩니다. 같은 사례라도 처한 상황이 모두 다르기에 원치 않는 결과로 이어질 수 있으니 참고하시기를 바랍니다.

남편의 더러운 스트레스 해소법

"다 알고 있으니까 변명 같은 건 하지 않았으면 좋겠어. 우리 정말 많이 사랑했잖아. 그러니 구질구질하게 끝내지 말자!"

아내。 요즘 들어 갑자기 분비물이 많아지고 냄새도 나는 것 같아 산부인과 진료를 받았습니다. 그런데 의사 선생님께서 제가 성병에 걸렸다고 합니다.

"제가 성병에요? 걸린 원인이 있을까요? 여자들은 피곤해도 감염된다고 들었는데 혹시 그런 건가요?"

너무 깜짝 놀라 물어봤지만, 제가 감염된 성병은 성관계로 감염되는 것이며 남편도 검사하고 치료받아야 한다고 했습니다.

병원에서 나와 곧바로 남편과 통화했습니다. 남편은 저녁에 들어가서 이야기하자고 했습니다. 집으로 돌아오는 길에 별의별 상상과 생각이 들었지만 일단 남편의 해명을 들어보는 것이 좋겠다고 생각하고 퇴근하기만을 기다렸습니다.

평소보다 늦게 귀가한 남편은, 사실 직장 동료들과 술을 마시고 성매매 업소에 딱 한 번 갔는데 아마도 그때 감염된 것 같다며 미안하다고 했습니다. 자기도 병원에 가서 치료를 받겠다고 했습니다. 화가 치밀어 올랐지만 결혼 전 남편이 바람을 피우면 딱 한 번은 봐줄 수 있을 것 같다고 했던 기억이 나서 한 번이니 치료받는 것으로 용서해주기로 했습니다.

남편과는 미친 듯이 서로에게 빠져 3년 연애하고 아이가 생겨 결혼하게 되었습니다. 남편은 소심한 성격이라 어디 가서 여자에게 치근대거나 바람피울 성격이 못 된다고 생각했습니다. 그 부분은 정말 믿었습니다. 그런데 바람피운 것도 아니고, 술김에 지저분한 곳에서 성매매를 하다 성병에 걸려 저까지 감염시켰으니 정말 찜찜하고 싫었습니다. 그렇지만 이런 일로 이혼하는 것은 아닌 것 같아 그냥 넘어가기로 한 겁니다.

하지만 문제는 그때부터 시작되었습니다.

성병 치료 후 남편을 의심하는 습관이 생겼습니다. 의심하는 모습을 티 내고 싶지 않았지만, 가끔 회식이며 모임이며 술 마시고 늦게 들어오는 날에도 술 마신 것만 뭐라 하고 다른 말은 하지 않았습니다.

그런데 느낌이 이상했습니다. 한번은 점심시간에 남편 회사로 찾아가 점심을 같이하자고 전화하니, 남편은 깜짝 놀라며 외근 중인데 미리 전화도 하지 않고 불쑥 오면 어떻게 하냐며 화를 냈습니다. 왜 화까지 내느냐고 하니, 미안하다며 전화를 끊어버리더군요.

그 후로는 회사로 불쑥 찾아가는 일은 없었지만, 남편이 눈치채지 못하게 남편의 타임라인을 체크하기 시작했습니다. 남편이 점심시간과 퇴근하기 전 등 수시로 회사에서 멀지 않은 오피스텔에 드나든다는 것을 알았습니다. 일주일에 두 번은 가는 것 같았습니다. 혹시 거래처인가 싶었지만 그것까지 알 수는 없었고, 오피스텔 건물은 알았지만 정확한 호수는 몰라서 뒤를 밟기 시작했습니다.

4일째 되던 날 남편이 드나드는 오피스텔 호수를 알게 되었습니다. 하지만 그곳이 뭘 하는 곳인지는 알 수 없었습니다. 거기서 남편뿐만 아니라 다른 남자들도 드나드는 것을 알게 되면서 일과 관련 있는 곳인가 했는데, 그곳에서 나가는 남자를 배웅하며 살짝 열린 문 안에서 "오래 기다리게 하지 마, 오빠"라고 말하며 짙은 화장을 한 여자를 봤습니다.

그곳이 말로만 듣던 성매매하는 곳이라는 사실을 직감하고 아찔해졌습니다. 순간 현기증이 나서 그곳에 주저앉을 뻔했지만 정신을 차리고 집으로 돌아왔습니다. 남편에 대한 배신감과 이젠 다 무너졌다는 상실감에 눈물만 흘렀습니다.

퇴근하자마자 집에 들어온 남편은 기분이 좋은 모양이었습니다. 저는 남편을 맞아주지도 않고 저녁 준비도 하지 않았습니다. 엉망진창인 집안을 보며 깜짝 놀란 남편이 걱정하는 것 같았습니다.

"왜 그래, 자기야?"

저는 차분하게 남편이 오피스텔을 주기적으로 다닌 것과 그곳에서 행해진 성매매에 관한 이야기를 꺼냈습니다.

"다 알고 있으니까 변명 같은 건 하지 않았으면 좋겠어. 우리 정말 많이 사랑했잖아. 그러니 구질구질하게 끝내지 말자!"

제가 화내지 않고 차분하게 이야기하자, 남편도 모두 인정했습니다. 남편은 그곳은 성관계는 하지 않는 '대딸방'이라고 했습니다. 그게 대체 뭐 하는 거냐고 물었더니, 남편 말은 성관계는 안 하고 다른 방식으로 해주는 곳이라며, 자위하는 것과 다를 게 없다고 변명했습니다.

어이없고 기가 막힌 남편의 답변에 온몸에 기운이 쭉 빠졌습니다. 화도 나지 않았습니다. 남편이 이렇게 지저분한 사람인 줄 꿈에도 몰랐습니다. 이런 사람을 몰라본 제가 너무

한심하고 어리석었다는 생각만 들었습니다.

남편은 잘못했다며, 그냥 그곳에 가면 대접받는 것 같아 좋았고 스트레스가 풀려서 한두 번 갔다며 빌고 또 빌었습니다.

선생님, 저는 이런 구역질 나는 남편과 살 수 없습니다. 차라리 그냥 여자랑 바람피운 거라면 어쩌면 조금은 이해할 수 있을 것 같기도 합니다. 하지만 뉴스에서나 듣던 그런 곳에서 더러운 행위를 내 남편이 상습적으로 하고 다녔다는 걸 알아버렸는데 어떻게 용서하고 살 수 있겠어요? 창피해서 누구에게 얘기할 수도 없습니다. 이혼해주지 않으면 시댁에는 알릴 생각입니다.

다만 아이가 걱정됩니다. 아무것도 모르는 이제 여섯 살 된 딸아이에겐 어떻게 말해야 하며, 부모 이혼으로 아이가 받을 충격은 또 어떻게 감당해야 할지 모르겠습니다.

제가 이런 상담을 하는 이유는 한 가지입니다. 이 사람과 이혼하겠다는 생각은 변함없습니다. 하지만 아이 아빠니까, 이혼하더라도 혹시 치료가 될 수는 있을지 알고 싶습니다.

● 댓글

- 저런 남자는 답이 없습니다.

- 용서를 빌면 한 번쯤 용서해주시는 것도 좋을 것 같습니다.

- 자업자득 인과응보, 세상 진리다.

- 한 번도 안 가본 사람은 있어도 한 번만 가본 사람은 없다.

- 그냥 대접받고 살면 되겠네~.

- 스스로 무덤 판 자 벌받는 거다. 그게 뭐라고.

상담。 남편은 소극적이며 소심한 성격으로, 외향적이고 적극적인 아내 성격에 심리가 위축되어 있습니다. 자신의 성격적 결함을 인식하고 건강한 방식으로 심리를 회복하여 관계를 해결했어야 합니다. 아내가 이해해주고 시간이 지나면 분노도 기억에서 사라질 것으로 생각한 남편에겐 가족을 지키는 책임 의식이 사라지고 없습니다.

남성은 스트레스를 받게 되면 해소 방법을 찾기 위해 고민합니다. 방법을 찾아 해결하면 좋겠지만, 찾지 못해 번아웃이 오면 자신이 하던 습관으로 스트레스 감정에서 벗어나려 합니다. 평소 술을 즐겼다면 술로, 운동으로 풀었다면 운동으로 푸는 등 다양한 자기 방식을 찾습니다. 이처럼 스트레스를 처리하기 위해 즐겁고 재미있는 것에 몰입하여 잊어버리길 선호합니다.

이 때문에 남편은 아내가 평소 바라던 것, 좋아했던 것 등을 해주며 최선을 다했으니 아내도 모두 잊어버릴 것으로 판단했습니다.

남편은 아내의 심리적 충격을 위로해주지는 못할망정, 자신의 스트레스 처리방식을 적용해 "넌 좀 특이하고 끈질겨!"라고 단정하며 회피한다고 했습니다. 그러면서 아내의 질문을 외면하거나 묵묵부답하고 오히려 부부 관계의 불만을 토로했습니다.

여성은 무엇으로도 그 감정이 사라지지 않습니다. 남편의 이런 행동은 아내 마음을 더욱 요동치게 하니 하지 말아야 합니다.

관계는 상대적입니다. 본인이 느끼기엔 그리 센 성격이 아니지만, 상대 관점에선 세다고 느낄 수 있습니다. 이런 관계가 지속되다 보면 센 배우자에게 기죽은 배우자는 자기주장을 하지 못하는 때도 많습니다. 남들에겐 사소하고 당연한 표현조차 기죽은 사람 입장에선 왠지 모를 두려움을 느끼게 됩니다.

아내는 늘 처신을 잘하고 옳고 바른말도 잘하지만, 이런 아내 성격이 소극적인 남편의 심리를 더욱 위축시킵니다. 잘 못을 저지른 남편이지만, 잘못한 행동과 심리는 분리해야 합니다. 잘못한 남편 기를 살려주라는 것이 아닙니다. 남편은 아내의 치유를 위해 매우 중요한 사람이기 때문입니다.

아내는 남편 성격이 그럴 수 있다는 생각으로, 남편이 심리를 회복할 수 있도록 제삼자의 도움을 받아야 합니다.

잘못했으니 아내의 분노를 감당해야겠지만, 질타한다고 남편이 변하거나 나쁜 습관이 사라지는 건 아닙니다. 다른 방식으로 몰래, 숨어서 또 다른 문제를 만들게 됩니다.

남편에겐 대딸방을 찾는 것이 가장 쉬운 스트레스 해소 방법이며, 즐겁게 몰입하는 수단이었습니다. 잘못된 습관을 바로잡기 위해 남편의 심리 치유와 가치관을 정리해 함께 소통하며 진정한 행복을 찾도록 해야 합니다.

새로운 사랑이라는 착각

"그래도 노력해야 하는 거잖아. 당신이 가르쳐주면 되잖아.
모르니까 알려주고 노력하면 되는 거 아니야?"

남편。 제가 아내를 사랑하는지 질문하셨는데, 정말 당혹
스럽습니다. 그런 걸 생각해본 적이 없는 것 같습니다. 저희
는 캠퍼스 커플이었고, 아내는 정말 귀엽고 예쁜 사람이었습
니다. 최고 학력에 미모까지, 그 정도면 결혼해서 살아도 혼
자 바둥대는 것보다 나쁘지 않을 것 같았습니다. 제가 아내
에게 첫 남자인 것도 좋았습니다.

아들 둘을 낳을 때까지도 전혀 인식하지 못했었는데, 어느 순간부터 아내와 잠자리에 흥미를 느끼지 못했던 것 같습니다. 아내는 성관계를 좋아하는 것 같지도 않았고, 감흥보다는 고통밖에 없다고 하더군요. 신혼도 아니고 어느 정도 살다 보니 자연스럽게 각방을 쓰며 섹스리스 부부가 된 것 같습니다.

제가 외도를 한 것은 아내와 아이들에게는 정말 잘못한 일이지만, 아내와는 이미 2년 전에 이혼하기로 합의한 바 있습니다. 무의미하게 책임감만 가지고 사는 것보다는, 하고 싶은 것 하며 살고 싶어서 이혼하기로 2년 전에 합의한 것입니다.

그리고 우연히 지인 모임에 나갔다가 그 사람을 알게 되었습니다. 그녀는 외국인과 결혼해 살고 있는 사람이었고, 한국에 잠깐 나와 있는 상황에 저와 만나게 되었습니다. 성격도 정말 적극적이고, 무엇보다 잠자리가 잘 맞았던 건 인정합니다. 외국에 있는 사람이라 저와 메일이나 톡을 주고받았습니다. 그 메시지들을 아내가 모두 봤으니 숨길 것도 없습니다. 그녀와 미래를 약속한 사이는 아닙니다. 어린아이도 아니고…….

아내가 그런 것까지 볼 필요는 없었는데, 내용이 계속 떠올라 힘들어하는 것 같습니다. 아내는 이혼을 바라지 않습니다. 하지만 제가 그녀 때문에 2년 후에 이혼하자고 한 것으로 생각합니다.

솔직히 말씀드리면 지금은 아니지만, 저는 정말 자유롭게 살고 싶습니다. 여러 나라를 돌며 봉사도 하고요. 그것이 제 꿈이니 언젠가 이루어지겠지요. 외도와는 별개고, 그녀와 살 생각도 없습니다.

아내。 저는 남편이 바람피우는 동안 치밀어오르는 감정을 억눌러야 했습니다. 외국에 있는 그 여자와 매일같이 통화하고 문자하고 이메일까지 주고받으며 사랑한다는 둥 하는 것도 다 알고 있었습니다. 인터넷을 뒤져 그 여자가 누구인지 찾아냈습니다. 뻔뻔하게 자기 가족들과 여행도 가고 일상을 즐겁게 살고 있었습니다. 세상 참 덧없다는 생각이 들더군요. 다른 남자와 매일같이 추잡한 대화를 하면서 어떻게 아무렇지도 않은 것처럼 살 수 있는지 제 상식으로는 도무지 이해할 수가 없습니다.

저는 연애 한번 해보지도 못하고 권위적이고 이기적인 남편과 살았습니다. 결혼하면 이렇게 참고 사는 게 당연한 걸로 알았습니다. 언젠가부터는 남편이 잠자리도 피하는 것 같아서 왜 그러냐고 물어보니 이렇게 대답하더군요.

"너랑 하는 거 이젠 재미없어!"

아마 남편은 기억하지도 못할 겁니다. 하지만 저는 그 말에 충격을 받았습니다.

"그래도 노력해야 하는 거잖아. 당신이 가르쳐주면 되잖아. 모르니까 알려주고 노력하면 되는 거 아니야?"

"그게 노력해서 되는 거니?"

짜증 섞인 남편의 말에 저는 아무 대답도 하지 못했습니다. 결혼 전에는 요즘 보기 드물게 순결을 지킨 사람이라고 가벼운 여자가 아니라서 좋다더니, 이젠 성을 모른다고 싫다니……. 제가 어디 가서 배우기라도 해야 하는 건가요?

그때부터 저는 상처받은 마음에 남편 곁에 다가갈 용기를 잃어버렸습니다. 자연분만으로 출산한 제 몸이 이젠 싫은가 보다 생각했습니다.

남편은 매일 늦게 들어오고, 주말이면 미친 듯이 운동하고, 집에 오면 서재에서 늦게까지 나올 생각을 하지 않았습니다. 남편은 가정에 관심이 전혀 없습니다. 가끔 말을 걸면 짜증 내니 말 거는 것도 두려웠습니다.

그런데 지인이 알려주더라고요. 남편과 그 여자, 둘 다 가정이 있는 사람들이 너무 깊어지는 것 같아서 말해주는 거라면서요.

그때부터 남편 메일을 확인하기 시작했습니다. 그 내용이 가관이었습니다. 저는 그런 야한 이야기를 하는 남편이 이해되지 않았고 짐승 같다는 생각밖에 들지 않습니다. 남편은 그 정신 나간 여자 생각만 해도 흥분된다고 하더라고요.

남편은 이혼하고 싶지 않다며 그 여자를 정리하겠다고 했지만, 저는 믿을 수 없습니다. 남편이 바람난 걸 안 뒤에 혼자 많이 울었습니다. 그러다 이대로는 안 될 것 같고 남편을 잡고 싶은 마음에 산부인과를 방문했습니다. 질 성형 전문 병원이었는데 진료하던 중 담당 선생님이 수술을 권하셨습니다.

"흠, 일반적인 다른 분들보다 피부조직이 얇아 남편이 느슨하게 느낄 수도 있겠군요."

고민하지도 않고 바로 수술 예약을 잡고 수술했습니다. 너무 아프고 고통스러웠지만, 남편이 만족하면 바람피우지 않을 것 같았습니다. 부부 관계 회복을 위해 필요하다고 판단했습니다. 수술 후 회복한 뒤 이제 성관계를 해도 된다고 담당 선생님이 말씀하셨지만, 오랜 기간 섹스리스로 있던 터였습니다. 갑자기 남편에게 "나랑 한 번만 자자! 나 수술해서 달라졌어!"라는 말을 할 수가 없었습니다. 남편은 이미 다른 여자에게 눈이 돌아가 있는데, 어떻게 하면 남편과 잠자리를 할지가 고민이었습니다. 제가 참 무지했지요. 그래서 마시지도 못하는 위스키를 마시고 술에 취한 척하며 생전 처음 취기를 핑계 삼아 남편에게 외롭다며 같이 자자고 용기 내 말을 꺼내고 침실까지 들어왔습니다. 남편은 마지못해 성의 없이 옆에 누워 한 손으로 가슴을 주무르다 쓱 만지더니 말했습니다.

"안 되겠다. 너랑은 안 된다고 했잖아."

그러고는 밖으로 나가버렸습니다.

"야, 이 바보 같은 새끼야. 나 수술했어! 너 만족시켜 주려고 비참하고 아프고 힘들었지만 수술해서 이젠 너도 좋을 거야!"

소리 지르고 싶었지만, 입 밖으로는 아무 말도 내뱉지 못했습니다.

그날 혼자 남겨진 채 정말 많이 울었습니다. 이 사람과의 결혼생활에서 제게 남은 건 상처와 아픔밖에 없습니다. 저 사람은 그 여자와 헤어지고는 혼자 베갯잇 적셔가며 울기까지 하더라고요. 저도 남편과 같은 최고 학력을 가진 사람이고 결혼 때문에 제 꿈을 포기했는데, 이렇게까지 모멸감을 느끼면서까지 같이 살고 싶은 생각은 없습니다. 저 사람은 그 여자를 잊지도 못하고 가슴에 담고 평생을 살든지, 아니면 다른 여자를 만나 살든 하겠지요. 사회적으로 철저하게 망신 주고 싶은 마음만 듭니다. 저는 이렇게 남편 외도로 모두 잃고 무너져 평생을 지옥에서 살아야 하는데 그 여자는 자기 남편과 아이들하고 너무도 떳떳하고 행복하게 잘 살잖아요!

신이 있는 걸까요? 제가 뭘 그렇게 잘못한 게 많을까요? 왜 제가 이런 고통을 당하고 살아야 하는 거죠? 저는 왜 이런 남자와 이혼하지도 못하고 아직 이러고 살고 있는 걸까요?

사랑? 그것도 이젠 모르겠습니다. 숨이 멎어 아침에 눈을 뜨지 않았으면 하는 바람으로 하루하루를 살고 있습니다. 남편은 잘못했다고 하지만 용서가 대체 뭔가요? 제가 왜 용서해야 하는지 도무지 알 수도 없고, 죄의식도 없이 바람피우는 사람들을 이해할 수도 없습니다. 살고 싶다는 생각도 없습니다. 늦은 저녁 잠들기 전이면 아침이 오지 않길 기도합니다. 눈을 뜨는 것이 두렵습니다.

● 댓글

- 들키고 발뺌하는 걸 보니 지킬 게 많은 사람인가 보네요. 이 남편 사람 아니네!

- 조강지처 내쫓는 인간 중에 잘되는 인간 못 봤다.

- 남편은 이런 아내 마음을 하나도 모를 겁니다. 남편에게 지성을 다하면 감천이 아니라 배은망덕만 있더라고요.

- 결혼보다는 꿈을 찾아가는 것이 현명한 것 같네요.

- 대체 누굴 믿고 살아야 하는지…….

- 잘못했다는 말로 지저분한 외도를 용서받으려 하다니, 씁쓸하네요.

상담. 무엇보다 아내의 용기가 필요합니다. 인내심과 의지를 다지고 감정을 통제하면서, 남편의 잘못된 행위를 몇 달간 지켜보며 때를 기다려야 합니다. 남편이 잘못을 깨닫고 온전히 가정으로 돌아오게 하기 위함입니다. 불륜 증거가 충분하니, 상간자 소송보다는 적당한 시기에 이혼서류를 던지고 잠시 집을 나와야 합니다. 물론 대비책을 세워놓은 후에 진행합니다.

아내가 남편 외도 사실을 모두 알고 있고 이혼 의사가 있음을 밝힌 뒤 집을 나오면, 남편은 정신을 차리지 못할 것입니다. 예상되는 반응은 두 가지로, 현실을 직시하거나 아니면 친지에게 아이를 맡기고 자신도 집을 나갈 가능성입니다. 그때부터 지옥을 알게 될 것입니다. 정신을 차렸다면 진심으로 사죄하고 용서를 빌며 그 여자를 정리할 것입니다. 그럼에도 현실을 직시하지 못한다면 그때 상간자를 공격해야 합니다. 내국인이 아니니 통화, 이메일 등으로 시작하면 됩니다. 그런다고 상처받은 아내 마음이 치유되지는 않습니다. 남편이 반성하거나 잘못을 빌면 그 여자와 전화해 아내가 직접 통화하십시오. 외도를 인정하고 사죄, 메일, 통화, 문자 등 모두 차단하라고 해야 합니다.

이 경우 아내는 이혼보다 남편의 반성과 깨달음을 바라지만 의심을 없애기 위해 그 여자와 직접 접촉해야 합니다. 남편은 조용히 정리하기를 바랄 것입니다. 아내는 가정을 지키기로 했으니, 사회적으로 지탄받을 남편을 지켜야 한다고 생각할 것입니다. 그래서 아무것도 보상받지 못했다는 무력감과 외도가 끝났어도 계속되는 의심을 혼자 감당하게 됩니다.

이것은 또 다른 불행의 시작이며, 화합에 걸림돌이 됩니다. 남편은 자신이 저지른 문제에 관해 모든 책임을 감당해야 합니다. 아내의 고통과 고마움을 알고 진심 어린 표현과 솔직한 대화를 시작합니다. 수입과 지출을 모두 밝히고, 가족과의 시간을 늘려야 합니다.

아내는 결혼생활 중에 부부의 행복보다 엄마의 역할이 전부였습니다. 부부의 성관계에서는 서로 다른 성 심리를 이해하여 개선하도록 노력해야 합니다. 남편과 여가 활동을 함께하며 건강한 외모 유지를 위해 노력하고, 칭찬의 말들을 아끼지 말아야 합니다. 남편 체면과 주변을 의식하는 아내의 시선을 자신에게 돌려 상처 치료와 심리 안정에 힘써야 합니다. 남편의 적극적인 참여가 필요합니다.

남편이 남자와 모텔에

"이게 대체 뭐야? 너 남자랑 바람났니? 아니지? 뭐라고 말
좀 해봐! 제정신이니? 그럴 거면 결혼은 왜 했어!"

아내。 50대 초반 부부입니다. 남편이 바람나면 다들 화부
터 난다고 하는데, 저는 화도 나지 않습니다. 남편 성격에 바
람피울 사람도 아니라고 생각했습니다.

그런데 요즘 남편이 지출이 늘었습니다. 이것저것 뒤져
보니 호텔 영수증이 있었습니다. 그날 밤 남편을 추궁했습
니다.

"친구 녀석이 아내랑 다투고 갑자기 집을 나왔는데, 갈 데도 없고 돈도 없다고 해서 호텔 잡아주고 술 한잔하며 풀어줬어. 그런데 며칠 후에 또 집을 나왔길래 같은 호텔 잡아준 거야!"

평소 저도 잘 알고 있던 친구라 이해할 수 있었지만 왠지 찜찜했습니다. 다음 날 남편 친구에게 전화해 물어보니 그런 일 없었다고 했다가, 바로 말을 바꾸며 어색해했습니다.

이상한 느낌이 들어 잠든 남편 휴대전화를 보았습니다. 성인 동영상들도 많았고 음란물 사이트 몇 군데 가입해 매일 수시로 그곳을 드나든다는 것도 알았습니다.

그리고 남편 카톡 내용에는 없지만, 휴지통을 비우지 않아 남아 있는 채팅 흔적을 발견했습니다. 누군가와 음란한 이야기를 주고받는 노골적인 대화를 보고 너무 놀랐습니다. 어떤 여자인지 카톡 프로필을 보니 여자는 없고 남편보다 조금 나이가 많아 보이는 남자였습니다. 그래서 저는 남편과 바람피우는 여자가 자기 남편 사진을 배경 화면으로 해놓았을 것으로 생각했습니다. 핸드폰 번호를 확인하고 늦은 시간에 제 전화로 전화하니 갑자기 남자가 받길래 당황해서 바로 끊어버렸습니다. 그때까지도 저는 남편이 유부녀와 눈이 맞은 것으로만 상상했습니다.

그렇게 한숨도 못 자고 밤새 남편 행적을 뒤지다 보니 남편이 바람난 상대는 여자가 아닌 남자였습니다. 사실이 아니길, 내가 잘못 알았길 바랐지만 사실이었습니다. 온몸에 힘이 쭉 빠져 주저앉고 말았습니다. 궁금하고 답답해서 도저히 참을 수가 없었습니다. 자는 남편을 깨워 제가 알게 된 증거들을 보여주며 퍼부었습니다.

"이게 대체 뭐야? 너 남자랑 바람났니? 아니지? 뭐라고 말 좀 해봐! 제정신이니? 그럴 거면 결혼은 왜 했어! 이게 대체 무슨 일인지 빨리 설명해. 우리 애들은 뭐가 되는 거야!"

그러자 남편은 사실을 고백하기 시작했습니다.

"나 동성애자 아니고, 호기심에 모텔 두 번 간 건 맞지만 아무 일도 없었던 것 같고 기억이 잘 나지 않아. 음란물 사이트에 드나들다가 좀 물렸을 때 동성애 사이트가 뜨길래 호기심에 한두 번 접속했어. 그런데 어떤 사람이 쪽지가 와서 일상적인 얘기 주고받다 호기심에 두 번 만난 거야. 미안하고 창피하지만 사실이고, 지금은 연락하지 않아."

남편은 당황해서 어쩔 줄 몰라 하며 말했습니다.

이런 행동을 제가 어떻게 이해해야 하나요? 남편은 상대 남자의 권유로 마약도 했다고 고백했습니다. 중독까지는 아니지만 붕붕 뜨며 황홀했고 처음 느껴보는 기분에 용감해져서 어떤 행위까지 한 건지 알 수 없지만, 지금은 아무렇지 않다고 했습니다. 밤새 한숨도 못 자고 퍼붓다 아침이 되어 아이들이 나가자 바로 정신과를 찾아갔습니다. 조심스럽게 이혼을 권유하며 약을 처방해 주었습니다. 정신 나간 사람처럼 또 다른 상담을 찾으며 그날만 다섯 곳을 방문해 상담했습니다. 모두들 동성애적 성향을 보인 남편은 쉽게 달라지지 않을 것이고, 남편 스스로 치유해야 한다고 했습니다. 그리고 저도 함께 치유하고 가정을 정리하는 것이 모두에게 더 큰 불행이 없을 것이라는 결론이었습니다.

그래서 1년 가까이 남편을 치료받게 했습니다. 이따금 저도 참여했습니다. 하지만 남편은 상담할수록 오히려 더 답답해했습니다. 지금까지는 다시 동성애 사이트를 접속하진 않은 것 같습니다.

아이러니하게도 사실 저는 남편과 이혼하고 싶지 않습니다. 아니, 이혼할 자신이 없는 것 같습니다. 차라리 어떤 여자와 바람이 났다면 지금보다는 덜 절망적이고 고통스럽지 않았나 하는 생각을 합니다. 아직도 믿어지지 않는 그 일이 있고 난 뒤, 남편과 부부 관계도 했습니다. 사람이 참 이상한 것 같습니다. 할 수 없을 것 같았는데, 머릿속은 복잡했었는데, 되더군요.

남자와 바람 난 저희 남편, 고칠 수 있을지 알고 싶습니다. 주변에서는 모두 이혼하라고만 합니다.

● 댓글

- 이런 분은 그냥 혼자 살아야 하는 거 아닌가요? 어떻게 함께 사나요? 아내를 이

해할 수 없을 것 같네요.

- 신의 실수인가? 이해할 수 없음.

- 여자와 바람이 났다면 이해할 수 있을 것 같다는 아내 말에 슬픔이 느껴집니다.

- 사연을 보며 제 삶에 감사하게 됩니다. 힘내세요.

- 이해할 수 없는 그들만의 세상. 이건 그냥 성향?! 동성끼린 닭살만 돋던데.

상담。 저마다 다른 가치 기준과 성격과 성향이 있습니다. 오랜 세월 자식 낳고 살던 남편이 약물을 투약한 것도 놀랄 일인데, 동성과 성관계까지 했다면 주변 사람의 이혼 권유는 어찌 보면 당연할 것 같습니다.

아내는 이런 남편 문제를 혹시 치유할 수 있을지 여러 곳을 방문하며 상담한 결과 남편이 동성애자, 약물 중독 또는 예정자라는 판정에 매우 절망했습니다. 남편의 약물 투약과 동성과의 성 행동은 누구든 쉽게 이해할 수 없습니다. 하지만 동성과 성관계를 했다고 동성애 또는 양성애로 단정해서는 안 됩니다. 남편 행동은 성향보다 호기심에서 비롯한 행동일 수 있고, 그러한 사례도 있습니다. 행위만으로 단정 짓는 것은 매우 위험한 판단이며 설부른 통보입니다.

이런 상황에도 이혼하지 않고 남편을 치유하는 게 우선인 아내의 처절함을 남편이 알아야 합니다. 남편은 자기가 저지른 문제를 한 번의 사과로 모두 용서받은 것처럼 매우 소극적인 대응을 했습니다.

남편은 약물 중독 상태와 성향에 관한 검사를 해야 합니다. 심리 이해를 통해 남편의 문제와 정체성을 스스로 확립하고 개선할 수 있도록 해야 합니다.

아내 또한 주변 시선이 두려워 이혼하지 않는 것인지 진정으로 가정을 지키기 위한 것인지를 알기 위해 안정이 필요합니다. 막연한 두려움으로 남편과 함께 살기를 바라는 것이라면 가족 모두의 불행이 될 수 있습니다. 쉽지 않겠지만, 지금은 결정보다는 안정을 찾아야 합니다.

변태 남편이 가르쳐준 것들

"바람? 우리 사이에 바람이 어디 있니? 그렇게 안 봤는데,
아휴……. 짜증 나게 하지 말고, 싫으면 그만둬."

아내。 저는 5년간 사귀 결혼을 약속한 남자와 헤어진 후 지금의 남편을 만나게 되었습니다. 이별의 후유증이 컸던 탓인지 여덟 살 연상인 남편을 보며 편하고 안정되어 보인다는 느낌을 받았습니다. 점잖은 성격에 말끔한 외모도 좋았고 저도 외모에 자신감이 없는 편이 아니었습니다. 무엇보다 나이 차이도 있으니 한눈팔지 않을 거라 생각하고, 그런 일로 상처받는 일은 없을 것 같아서 마음이 편했습니다.

　같은 모임에서 만난 지 보름쯤 지나 두 번째로 만났을 때부터 남편은 무서울 정도로 적극적으로 다가왔습니다. 사실 그 두 번째 만남에서 성관계는 했고요. 전 남친과 헤어진 직후라 그런지 훅 다가오는 남편이 싫지 않았습니다. 때와 장소를 가리지 않는 스킨십과 행동이 저에게 정말 푹 빠진 사람이라는 생각이 들만큼요. 다른 생각을 할 겨를도 없이 열정적인 사랑이 시작된 것 같았습니다. 매일같이 집에 바래다주었고, 친구들과 늦는 날이면 어김없이 집 앞에서 몇 시간이고 기다려주기도 했습니다.

　그렇게 4개월쯤 미친 듯이 만나고 탐닉하던 중 남편이 결혼하자는 얘기를 꺼냈습니다. 남편은 한 번 결혼했던 사람이지만, 아이들은 전 부인이 키웠고 지금은 연락도 거의 하지 않는다고 했습니다. 직업도 나쁘지 않았고 시간도 얼마든지 낼 수 있는 그런 사람이니 또래를 만나 뻔한 결혼 생활하는 것보다 좋다고 생각했습니다. 무엇보다 저를 사랑해주고 잠자리도 잘 맞는 남편이 좋았습니다. 아이를 낳지 않고 둘이서만 즐겁게 즐기며 사는 그런 결혼생활도 행복할 것 같았습니다. 그래서 결혼 약속을 하고, 혼인신고를 한 뒤 동남아의 한적한 바닷가에 신혼여행을 가서 둘만 보내기로 했습니다.

　그런데 문제는 그때부터 시작되었습니다. 남편이 그래도 신혼여행을 가는 것이니 하객이 있어야 한다며, 지인을 초대해 함께 가자고 했습니다. 사진 촬영도 해야 한다면서요. 저도 그게 좋겠다고 했습니다.

한 번도 본 적 없는 남편 지인과 공항에서 처음 인사를 했습니다. 아내라고 하기에는 왠지 평범해 보이지 않는 여성과 함께였습니다. 처음 본 남편 지인이 인사하며 저를 위아래로 훑어보는데, 눈빛이 기분 좋지는 않았습니다. 그렇지만 사진도 찍어주고 저녁 식사 정도 함께할 사람이니 대수롭지 않게 여겼지요.

현지에 도착한 당일, 남편은 이제 부부가 되었으니 해 질 무렵 부부 선언식을 하러 가자고 했습니다. 설레기도 하고 행복하기도 한 마음으로 지인 부부와 바닷가에 도착해 남편이 가져온 와인을 마시며 모두 기분이 한껏 들떴습니다. 남편은 지인의 시선을 아랑곳하지 않고 제 가슴을 만지며 심한 스킨십을 했습니다.

"사람들 보는데 왜 그래!"

"원래 외국에서는 첫날밤엔 친구들하고 같이하기도 해. 뭘 그런 걸 가지고 그래?"

남편의 말에 슬쩍 함께 온 지인을 보니, 그들도 진한 스킨십을 하고 있었습니다. 저희가 결혼선언식을 하러 간 바닷가는 인적이 드물어 한적한 곳이기 때문에 다른 사람은 없었습니다.

술 때문인지 분위기 때문인지 그곳에서 성관계까지 하게

되었고, 지인 부부라는 사람들도 성관계하는 모습을 보았습니다. 관계가 끝난 후 정말 어색했지만, 남편이 어색한 분위기를 잘 이끌어갔습니다.

그때부터 남편은 제가 다른 남자와 성관계하는 모습을 보면 네가 더 사랑스러울 것 같다며 집으로 다른 남자를 부르기도 했습니다. 어떤 날은 몇 명의 남자를 부를 때도 있었습니다. 남편은 저를 심리적으로 지배하기 시작했고, 그렇게 저를 스와핑하는 곳에 데리고 가기도 하며 아무렇지도 않게 익숙해지게 된 것 같습니다. 사실은 남편이 다른 여자와 하는 것이 정말 싫었지만, 흥분되는 감정도 있었습니다. 남편을 힐긋 보면서 묘한 감정을 느끼며 쾌감에 빠져들었던 적도 있었습니다.

이렇게 다른 사람들과 그룹섹스, 쓰리섬을 아무렇지 않게 즐기던 중, 예쁘게 생긴 여성을 부른 어느 날이었습니다. 그날 저녁도 특별 서비스라며 끈적하고 질척한 밤을 보내고 벌거벗은 우리 셋은 뒤엉켜 그대로 잠이 들었습니다.

새벽 무렵 목이 말라 일어나 보니 저만 혼자 있고 남편과 그 여자는 보이지 않아 거실로 나가보니 아무도 없었습니다. 물 한 잔 마시며 테라스로 향하니, 거기 남편과 그 여자가 엉겨 붙어 있는 것을 보게 되었습니다. 순간 화가 치밀었습니다.

"지금 뭐 하는 거야, 아침부터!"

남편은 대수롭지 않다는 듯 흐리멍덩한 눈빛으로 바라보고는 대꾸도 하지 않았습니다. 그들의 행위가 끝나고 남편에게 다시 말했습니다.

"이건 아니지. 어떻게 둘만 그럴 수 있어? 기분이 나쁘다고!"

"왜 또 그래? 이쁜이 질투하네? 갑자기 더 흥분되지 않아?"

남편은 제 말에 얼렁뚱땅 넘어가려고만 했습니다. 옆에 있던 여자도 저를 흘겨보며 말했습니다.

"뭐예요, 내가 잘못한 것처럼? 기분 더럽네!"

되려 자기가 불편하고 찜찜하다며, 이럴 거면 앞으로 부르지 말라면서 나가버렸습니다. 그 여자가 나간 뒤 남편은 저를 이상한 사람 취급하며 몹시 화를 냈습니다.

그날 이후 남편은 저를 투명 인간처럼 취급하기 시작했습니다. 하지만 저는 남편이 그 여자와 수시로 만난다는 걸 알게 되었습니다.

"여보, 이건 지금 바람피우는 거예요! 우린 같이 뭐든 해야 하는 거 아니에요? 나 빼고 몰래 둘이 만나는 건 바람피우는 거 아니고 뭐죠?"

남편은 코웃음 치며 대답했습니다.

"바람? 우리 사이에 바람이 어디 있니? 그렇게 안 봤는데, 아휴……. 짜증 나게 하지 말고, 싫으면 그만둬. 이런 일로 나 스트레스 받게 하지 마. 인생 뭐 얼마나 산다고 집착하고 질투해? 겨우 이런 거 가지고 나 피곤하게 하면 네가 더 싫어질 뿐이야. 잘 생각해."

어쩌면 남편 말이 모두 맞을지도 모르겠다는 생각에 그동안의 저를 돌아보게 되었습니다. 저도 다른 남자와 성관계를 했습니다. 남편과 함께였다는 것만 다릅니다. 그런데 남편이 저와 함께일 때 다른 여자와 성관계를 하든, 따로 만나 하든 뭐가 다른 건지를 고민했습니다. 하지만 아무리 생각해도 남편이 저한테 말하지 않고, 아니 말한다고 해도 다른 여자와 단둘이 만나는 건 용납할 수 없었습니다.

그날부터 저희 부부 관계는 냉랭해졌습니다. 1년이 지난 지금까지도 남편은 저와 관계도 말도 하지 않습니다. 저를 외면하고 무시하는 거죠. 다시 예전처럼 다른 사람들과 만나는 그곳에 같이 가자고 하며 매달려도 봤습니다. 하지만 남편은 이젠 감정이 생기지 않는다고, 자기도 가지 않는다고 거절했습니다. 그렇다고 이혼하자는 말도 하지 않습니다. 저도 이혼이 두렵습니다.

선생님, 저는 어디서부터 잘못된 걸까요? 두렵고 어떻게 해야 할지 정말 모르겠습니다.

● 댓글

- 쾌락을 추구하는 사람은 온전한 가정을 가질 수 없습니다. 돈 때문에 결혼을 유지

하고 싶다면 그냥 그대로 살면 됩니다.

- 이런 사람은 혼자 살아야 하네요.

- 사기 결혼입니다. 정신 차리고 정리하세요!

- 오죽하면 전부인이 이혼했을까요? 이혼한 남자는 문제가 있다고 봐야 합니다.

- 사람을 잘못 볼 수도 있습니다. 잘못됐다는 것을 알았다면 빨리 정리하는 게 좋습

니다.

상담。 잘못된 결혼생활을 유지하거나 개선하려 노력하기
보다 이혼하는 것이 현명한 선택일 때도 있습니다. 사람이
사랑의 감정을 느낄 때 보이는 패턴은 대부분 같습니다. 하
지만 남편은 사랑의 관념이 심하게 훼손된 상태입니다. 오로
지 쾌락을 위한 삶을 추구하고, 그것이 자신의 행복이자 최
우선순위입니다. 작은 스트레스도 견디지 못하고, 즐거움이
아니면 어느 것도 중요하게 생각하지 않습니다. 언젠가 진실
한 사랑을 하게 될지는 모르지만 현재 상태로 보아 어떤 여
성을 만나든 일반적이고 진실한 사랑을 하게 될 확률이 매우
낮습니다.

아내가 이런 남편을 바꾸려 하는 것은 결혼 파기 자체에 대한 두려움이지, 자신의 행복을 위한 선택은 아닙니다. 거짓으로 일관하는 남편은 변화할 가능성이 작습니다. 남편은 매우 쾌락적입니다. 쾌락 유지를 위한 새롭고 강한 또 다른 자극을 끝없이 추구합니다. 물론 수단과 방법을 가리지 않고 대상과 그 책임을 갖지도 않으며 즐거움을 추구할 단순한 대상만이 필요합니다. 쾌락의 끝은 파멸뿐입니다. 남편에겐 일반적인 사랑의 감정이 없으며 아내를 위하는 모습은 볼 수 없습니다.

아내가 처음 만난 남편에게 왜 편안함을 느꼈을까요? 당시 아내는 실연의 충격에 휩싸였습니다. 나이 차가 큰 남편 능력에서 든든함을 느끼고, 연상에게 사랑받을 수 있다고 착각했습니다. 비슷한 연령대의 이성과 연애에서 만남과 이별의 상처를 반복하다 보면 나이 차이가 크고 능력 있는 사람에게 빠질 가능성이 큽니다. 이런 조건은 보호받고 싶은 안정 욕구를 충족시킵니다. 그 원인은 불안함 때문입니다. 성관계 또한 부부간에 지켜야 할 것과 지켜줘야 하는 것들이 있습니다.

아내는 남편의 요구를 허락하면 바람피우지 않을 거라 생각하게 됩니다. 자기 욕구가 무엇인지도 모르면서 상대에게 맞추고 있습니다. 남편은 두 번의 결혼 실패로 어떻게든 결혼을 유지하려고는 하지만, 원만한 관계는 남편의 깨달음과 변화 없이 불가능합니다. 그런데도 남편을 변화시킬 방법을 끝없이 고민한다면 아내는 결국 자기 자신까지 파괴될 수 있음을 깨달아야 합니다.

혼외자 책임을 피하고 싶은 남편

"어떻게 나를 두 번이나 가지고 놀기만 하니? 너도 네 친구
놈도 다 똑같은 나쁜 놈들이야! 나 지금 임신했어!"

남편은 해외 유학 중이었습니다. 사실 말이 유학이지, 늦은
나이에 마땅히 할 것도 없고 집에서 도망치듯, 혹시 좋은 아
이템이 있을까 해서 친구가 있는 해외로 나와버렸습니다.

친구는 방송 일을 했는데, 당시에는 하는 일 없이 이곳에
서 밤업소 나가는 여자와 동거를 하고 있었습니다. 생활비도
그 여자가 다 벌어서 쓰고 있더라고요. 친구 집에 얹혀살며

저도 그 친구 동거녀가 일하는 가게에 갔다가, 거기서 만난 친구 동거녀의 친구와 사귀게 되었습니다. 자랑은 아니지만 제 얘기를 좀 부풀려 했더니 여자가 저를 좋아해주더라고요. 저는 친구 집에 얹혀사는 처지라 동거는 하지 못했습니다.

시간 가는 줄 모르고 지내던 어느 날, 친구가 좋은 일이 생겨 한국으로 돌아가게 되었습니다. 친구의 동거녀는 은근히 자기를 한국으로 오라 해서 결혼할 수 있을 거라는 기대를 하는 모양이었습니다. 미국에서의 마지막 날에는 파티도 해주고요.

하지만 친구 녀석은 가기 전에 제게 동거녀를 잘 챙겨달라는 부탁을 남기고 한국으로 출국했습니다.

친구가 귀국하고 그 집에는 친구의 동거녀와 저만 남았습니다. 그 후 친구와 동거녀는 한두 번 정도 통화하는 것 같더니, 더 이상 서로 연락을 하지 않는 것 같았습니다. 이 여자는 그때부터 술에 취한 날이면 저에게 화내다 울다를 반복하며 하소연하곤 했습니다. 그러던 어느 날 이 여자가 친구 녀석에게 전화했는데 받지 않는다며, 자기를 차단한 것 같다면서 저한테 모든 원망을 쏟아부었습니다. 안쓰러운 마음에 꼭 안아줬는데, 갑자기 그 여자가 제게 키스하며 달려들길래 그만 성관계를 하고 말았습니다. 그날부터 그 여자는 혼자 자기가 무섭다면서 매일같이 제 방에 와서 잠을 잤고, 저는 자연스럽게 동거를 이어받아서 하게 되었습니다.

그러다가 저도 한국으로 돌아가야 할 좋은 일이 생겼습니다. 이틀 만에 짐 정리를 하고 한국으로 들어왔습니다. 물론 친구와 사귀던 그 여자 전화는 귀국 후 잘 받지 않았습니다. 친구와는 가끔 통화하고 지내지만, 당연히 그 여자 이야기는 서로 묻지 않습니다.

귀국한 뒤 앞날이 밝아지고 바빠졌습니다. 그러자 집에서는 잘나갈 때 결혼하라며 여자를 소개해줬습니다. 소개받은 여자는 집안도 좋고 정말 예뻐서 한눈에 반해 금세 결혼 날짜까지 잡았습니다. 결혼 준비하랴 일하랴, 눈코 뜰 새 없이 바빠졌습니다.

그렇게 4개월쯤 지났을 때 미국에 출장을 가게 되었습니다. 마침 예전 동거녀가 있던 곳이었습니다. 거기 다시 간다고 하니 문득 그녀가 생각이 났습니다. 간 김에 안부도 묻고 사과도 할 겸 저녁에 술이나 한잔해야겠다는 생각으로 업무를 마치고 난 뒤 그 여자가 일하는 곳으로 갔습니다. 깜짝 놀란 여자에게 대충 얼버무려 그간의 상황을 설명해주니, 이해한다며 이야기를 이어가게 되었습니다. 술에 취해 저는 또다시 그 여자 집에서 이틀 밤을 머물렀습니다. 한국으로 귀국한 뒤 차단하면 되겠다고 생각했습니다.

귀국하고 나서 3개월쯤 되었을 때 모르는 전화번호가 뜨길래 무심코 받았는데, 그 여자였습니다. 다짜고짜 소리를 질러댔습니다.

"어떻게 나를 두 번이나 가지고 놀기만 하니? 너도 네 친구 놈도 다 똑같은 나쁜 놈들이야! 나 지금 임신했어! 너 어떻게 할래? 진작 내 전화를 받았으면 중절 수술했을 텐데, 네가 전화를 안 받아서 네 새끼가 뱃속에서 크고 있어. 어떻게 할까? 낳아서 보내줄까? 빨리 결정해!"

갑작스런 전화에 당황하기도 했지만, 제가 이미 결혼해 신혼이라는 사실을 이 여자가 알면……. 그 뒤의 일은 생각하고 싶지도 않습니다.

"어…… 얼마면 되는데? 얼마면 애 지울 수 있대? 그리고 미안한 얘기지만, 그 애가 내 앤지 그걸 어떻게 알아?"

"뭐라고? 이 개새끼야. 그럼 낳아서 보내줄 테니 그땐 위자료까지 준비해."

전화를 끊자 그 여자의 문자 폭격이 시작되었습니다. 일단 수술하라며 1천만 원을 보내줬습니다.

그 뒤로 한 달가량 전화가 없어서 잘 처리하고 포기했나보다 하고 있었습니다. 하지만 또 전화가 왔습니다. 그 여자는 아직도 수술을 하지 않았다고 했습니다. 수술해야 할지 말아야 하는지 모르겠다며, 왜 자기를 버렸냐고, 자기가 큰 걸 바란 것도 아니라고, 지난번에는 그냥 저와 조용히 아이를 키우면서 살고 싶은데 마음을 몰라줘서 소리를 질렀다고 했습니다. 그러고는 아기와 자기 옆에 있어주면 안 되겠냐며 울

있었습니다. 제게는 청천벽력 같은 소리였습니다. 저는 솔직히 결혼했다고 말할 수밖에 없었습니다.

그 사실을 알고부터 그 여자의 협박은 더 심해졌습니다. 제 아내와 집에 모두 알리겠다고 협박을 해서, 어쩔 수 없이 돈 몇천만 원을 더 줬습니다.

그러다 더 이상 돈을 주지 않자, 그 여자는 어떻게 전화번호를 알아냈는지, 제 아내에게 연락해 모든 것을 알렸습니다. 그날은 정말 집에 들어갈 용기가 나지 않아 부모님께 이실직고하고, 부모님과 함께 아내를 설득하며 용서를 빌었습니다.

아내의 이야기를 들어보니 제 아내도 바로 얼마 전 임신 초기인 걸 알았다고, 그걸 알리려고 했는데 그 여자의 전화를 먼저 알게 된 것이었습니다. 아내는 이혼하고 싶지는 않은 것 같았습니다. 제가 죽일 놈인 건 잘 알지만, 미혼 때 건강한 남성에게 있을 수 있는 일이기도 하고, 그 여자는 어차피 놀자고 만난 여자인데 제가 다 뒤집어쓰기는 억울합니다. 재수가 없다는 생각만 듭니다. 게다가 그 여자는 이 남자 저 남자와 관계를 하는데, 어떻게 제 아이라고 하는지 그것도 믿을 수 없습니다.

만에 하나라도 그 여자가 임신한 아이가 제 아이라면, 저는 죽을 때까지 두 여자에게 시달릴 겁니다. 아내는 상간자 소송과 협박죄를 명목으로 해서 그 여자에게 법으로 대응하겠다고 했습니다.

사실 따지고 보면 제 친구놈 여자였는데, 잘나가는 친구놈이 해결하도록 하는 건 어떨까요? 선생님, 최대한 조용하고 깔끔하게 처리할 방법을 알고 싶습니다.

● 댓글

- 아내는 무슨 죄?

- 그 여자가 낳은 아이는 무슨 죄죠?

- 이래서 피임 교육을 해야 하는 겁니다.

- 관계를 가볍게 생각한 결과네요.

- 잘 생각했어야지. 바람피워 혼외자가 생기면 이혼의 유책배우자에게 가혹하고 또 가혹하게 해야 한다.

- 본처가 버젓이 두 눈 부릅뜨고 있는데, 총각 때처럼 행동하다 애까지 만들고. 이건 뭐 사람 새끼가 할 짓이 아니다.

상담。 외도한 여자는 남편과 사귄다고 생각하며 동거한 것이지, 직업적으로 만나 성매매를 했다고는 생각하지 않았을 겁니다. 직업과 과거를 알고 있음에도 남편이 동거를 시작했으니 그 여자는 사귄 것으로 인식할 수 있습니다. 남편의 변명은 현재 상황을 해결하기 위한 어떤 도움도 되지 않습니다. 이 문제는 남편이 자초한 문제이며 결혼 후 그녀를 다시 만난 남편 잘못이 더 큽니다.

　그 여자가 임신 중절을 선택한다면 문제가 조금은 가벼워지겠지만, 이 또한 그녀가 결정할 문제입니다. 이 문제를 원만하게 해결하기 위해서 남편은 그녀에게 진심 어린 사과와 현실적인 문제, 미래에 발생할 수 있는 문제를 정리해서 전할 필요가 있습니다. 그럼에도 그녀가 출산을 한다면 차후에 발생할 문제에 대비하셔야 합니다.

　현재 가장 고통받고 있는 사람은 아내입니다. 남편은 아내와 가족에게 사죄해야 합니다. "건강한 미혼 남성에게 충분히 생길 수 있는 일"이라는 말은 아내에게 상처와 실망만 줄 뿐이니 하지 말아야 합니다. 감정과 기분에 따른 행동의 결과는 저지른 사람의 책임입니다. 모든 책임을 그녀에게 돌리는 남편의 생각과 행동은 이혼하지 않겠다는 아내에게 오히려 실망만 줄 수 있습니다. 아내가 상간자 소송을 바란다면 이 또한 아내 권리입니다.

　갓 성인이 되면 처음엔 누구나 불안함과 두려움을 느끼게 되지만, 결국 자신의 행동에 책임질 준비를 해야 합니다. 지금은 결혼한 어른입니다. 결혼한 뒤에는 자신과 가족까지 책임질 위치가 된 것입니다. 그러니 이 문제는 스스로 해결해야 합니다. 자신과 가족을 존중하고 책임져야 한다는 의식으로 아내와 자녀를 보호해야 합니다. 지금까지 보인 남편의 행동은 마치 아동기에 멈춰버린 아이와 같으며, 모든 책임을 그 여자에게 돌리기만 합니다. 남편은 아내가 어떤 결정을 하든 받아들여야 하며 잘못을 깨닫고 현명한 해결을 해야 합니다.

황혼의 늦바람

"다 늙어서 왜 그래? 젊지도 않은데 아직도 그 생각이 나나?"

남편의 편지 。 자네를 다시 만나다니 생각지도 못한 일이오.
15년 전 자네는 정말 고운 사람이었고, 그런 자네를 많이 좋
아했다는 건 자네도 알 거요. 그동안 결혼해 잘살면 좋았을
것을, 남편을 먼저 보냈다고 하니 자네가 매우 안쓰럽구려.
그래도 힘을 내 아이들 장래를 책임지려 한다니 대견하오.
하지만 생활고를 해결하기 위해 두세 명의 남자를 더 만나야
한다는 자네 말을 내가 어떻게 이해해줘야 할까 많은 생각을

해보았소. 그래서 내 생각을 전하니 잘 판단하고 답해주면 좋겠소.

첫째, 자네와 나는 한 달에 한 번 또는 두 번을 만나야 하오.

둘째, 자네는 최선을 다해 나를 보필해야 하오.

셋째, 다른 남자는 만나지 말아야 하오.

이 세 가지 약속을 지켜줬으면 좋겠소. 자네도 알다시피 내 나이 일흔을 넘겨 성관계가 마음처럼 잘되지는 않소. 허나 자네라면 방법을 찾아줄 것이라고 믿소.

자네가 이 약속들만 지켜준다면 내가 자네의 집을 마련해주고 매달 생활비를 보내주겠소. 자네가 약속만 잘 지켜준다면 자네 자녀를 출가시킬 비용 걱정도 덜어줄 생각이오.

15년이 지나 갑자기 찾아온 자네가 나는 정말 좋소. 예전 자네 모습 그대로인 것 같소. 나도 그때로 돌아가 젊어진 기분이 들어 기운도 난다오.

하지만 자네가 이 약속을 지켜주지 않는다면 우리 관계는 다시 생각해야 할 것 같소.

아내
° 선생님, 다 늙은 영감이 그 여자에게 보낸 편지입니다. 차라리 노망이 나지, 결혼한 자식과 사위, 며느리를 어떻게 보려고 하는지 모르겠습니다. 세탁물을 정리하다 남편 옷 속에서 이 편지를 발견했습니다. 제가 발견하지 않았다면 아

마 그 여자에게 보냈을 겁니다. 이 영감한테 편지를 던지며 말했습니다.

"내가 지금까지 어떻게 살았는데 이게 대체 뭐요? 이 미친 영감탱이야! 15년 전부터 바람피웠어? 그런데 또 만나 돈까지 준다고? 지금 네가 성공한 게 너 혼자 이룬 건 줄 알아?"

남편은 장난삼아 쓴 거라며 자리를 피했습니다.

저는 이 추한 늙은이를 성공시키기 위해 젊은 시절 하녀처럼, 비서처럼 살았습니다. 저와는 잠자리가 잘되지 않아 50대 중반부터는 아예 없어서, 나이 들어 그런 줄만 알았습니다. 그런데 매일같이 캐묻자 하나씩 말하더군요.

그 여자는 창녀이고 술집에서 만났다고 합니다. 너무 예뻐서 그 당시에도 돈을 꽤 줬다고요. 그 여자는 술도 잘 마시고 속궁합도 잘 맞았다고 했습니다. 그런데 어느 날인가부터 보이지 않는데, 15년이 지나 갑자기 연락이 와서 딱 한 번 만났다고 합니다. 이야기를 들어보니 사정이 하도 딱해서 도와주려 했다나요?

옛날에 젊었을 때 너무 외로워서 남편 곁에 다가가 안기려고 한 적이 있었습니다. 그때 이 늙은이가 하는 말이 이랬습니다.

"다 늙어서 왜 그래? 젊지도 않은데 아직도 그 생각이 나나?"

그 말이 너무 수치스러워서 지금까지 남편에게 다가가지

도 않고 안기지도 않았습니다. 그때만 해도 젊었는데, 제가 얼마나 참고 견디며 혼자 외로워했는지 이 늙은이는 하나도 모릅니다.

자기는 이제 다 늙어서 한물간 여자한테 연락받은 게 너무 좋았나 봅니다. 그런 여자를 사랑한다는, 다 늙어 보잘것없는 영감을 저는 매일 왕처럼 받들고 순종했습니다. 이런 배신이 어디 있겠습니까. 어떻게 해야 제 억울함이 풀릴지 모르겠습니다. 누구에게 말도 못 하겠고, 지나간 젊음을 보상받을 길도 없고, 남이 알까 부끄럽고 창피하지만 살아야 하니……. 하루하루를 꾹 참고 사는 것밖에 할 수 있는 것이 없습니다.

그런데 언제부터인지 한 번도 만나지 않은 그 여자가 잠을 잘 때도 샤워할 때도 항상 저를 보고 있습니다. 한번은 남편과 잠을 자다 잠결에 뒤척였습니다. 남편 쪽으로 몸을 돌렸는데 그 여자가 남편과 저 사이에 있어서 깜짝 놀라 남편을 추궁했던 때도 있었습니다. 이게 무슨 정신병인지 아니면 남편이 아직도 나를 속이고 몰래 그 여자를 만나고 있는 건지……. 이렇게 저를 정신병까지 걸리게 만들어놓았습니다.

저를 속이고 그 여자와 살려고 하는 것 같다는 생각이 듭니다. 그 여자가 우리 집에도 드나드는 것 같습니다. 제 생각에는 분명 둘이 아직도 만나고, 제 집에도 몰래 왔다가는 것 같은데 어떻게 해야 하는 건가요? 약을 먹어봐도 소용이 없고 주변에서는 제가 이상하다고만 합니다.

저는 분명히 그 여자 얼굴을 봤고 인상착의도 같았습니다. 그 여자 인상착의를 말해주니 남편도 깜짝 놀라는 것이 그 여자와 남편이 나를 미치게 만들려고 벌인 일인데 이제 들켰다고 생각하는 것 같았어요. 이대로 두면 더 치밀하게 저를 공격할 것 같습니다. 이런 일들과 제 심경을 누구도 믿어주지 않습니다. 이 모든 걸 밝히고 싶은데 방법을 모르겠습니다.

●댓글

- 그 나이에도 그게 생각나나요?

- 모든 것을 걸만큼 그게 그렇게 중요한 건지, 명예를 포기할 만큼인지도 생각해야지.

- 그동안의 결혼생활이 피눈물 나겠네.

- 살 만큼 살았는데 졸혼?

- 할아버지가 나이를 어떻게 먹은 거야? 노인을 공경하려고 해도 어른다워야 공경하지!

상담。 처음 아내가 알게 되었을 때 남편의 대응이 매우 아쉽습니다. 과거의 일이라고 하더라도 여성은 당시 감정을 잊지 못하고 평생 고통을 겪게 됩니다. 예전에 이미 다 끝난 관계이고 이제는 의미가 없다는 남편의 말은 아내에겐 궁색한 변명으로만 들립니다. 나이가 든다고 감정까지 노화되는 것은 아닙니다. 아내가 관련 없는 과거 일들까지 모두 꺼내어 멈추지도 않고 퍼붓는 것은 이런 상황에 놓인 여성이라면 모두 같습니다. 여성에게 좋지 않은 감정은 장기간 저장되며, 다른 문제가 발생했을 때 함께 작용합니다. 매 순간 소름 돋는 느낌은 외도를 알게 된 순간부터 지속해 반복합니다.

아내는 과거에 억압받았고, 자신의 감정을 참아왔으며, 남편에게서는 단 한 번의 위로도 받지 못했습니다. 그런데 남편 외도까지 밝혀지자 마음이 산산이 조각났습니다. 아내가 남편의 외도와 상관없는 다른 상처까지 드러내는 건 그동안 억눌렀던 감정들이 함께 폭발했기 때문입니다.

아내는 중년부터 남편과의 관계가 없는 걸 남편의 성욕이 사라졌기 때문이라고 생각했습니다. 하지만 발기 부전이 외도의 원인이 될 수는 없습니다. 남성은 자신의 성 문제를 함부로 누군가와 상의하지 않은 채 혼자 해결 방안을 찾는 경우가 많습니다. 발기 부전은 대체로 심리적인 문제지만, 이를 개선하기 위해 성적 자극이 강한 여성과 성관계를 시도해 성 기능 개선을 기대하기도 하는데, 그런 시도로는 개선되지 않는 경우가 많습니다. 약간의 반응이 있다면 약물도 병행하지만, 이것이 오히려 성 기능을 악화시켜 욕구는 있으나 예전보다 더 반응하지 않게 됩니다.

성 기능 회복을 위해서는 체력과 심리적 안정이 있어야 합니다. 안타깝지만 남편과 같은 잘못된 방식으로 성 기능을 회복하려는 남성이 많았습니다.

아내는 현재 망상과 환각, 환청에까지 시달리고 있습니다. 주변 사람은 아내와의 소통에 문제를 느끼지 못할 만큼 논리적인 대화를 하지만, 망상형 조현병이 의심됩니다. 정신과를 찾아 정확한 진단을 받으시기를 바라며, 남편의 세심한 보살핌이 필요합니다.

남편이 과거에 외도했다는 것을 알게 된 아내는 심리적 장애마저 갖게 되었습니다. 결혼생활 동안 아내 마음에 쌓인 상처가 모두 되살아난 것입니다.

남편으로서는 과거에 이미 다 끝난 문제라고 할 수 있습니다. 하지만 그런 말을 들은 아내 마음에 억압되었던 상처들을 날카롭게 찌를 뿐입니다. 불만보다는 진심 어린 사죄와 따뜻한 포옹을 해주길 권합니다. 아내가 더 화내며 거부할까봐 포기하는 경우가 많습니다. 시간이 지나면 괜찮아질 것으로 생각하기도 합니다.

하지만 아내는 혼자 수만 배 더 큰 두려움에 몸서리치고 있습니다. 평생 존중하며 희생했던 남편이 자신을 난도질하고도 바라만 보고 있으니, 그간의 세월이 얼마나 허무하겠습니까? 아내가 편해지길 바란다면, 남편은 아내가 안정을 찾을 수 있도록 감싸주고 지속적으로 사죄해야 합니다. 평생 그렇게 할 거라는 각오가 치유의 시작입니다.

친구와 남편이 10년씩이나

"어쩌다 정리를 못 한 거야. 사랑 같은 건 아니야."

아내. 저는 원래 성욕이 없습니다. 결혼 전에도 그렇고 결혼 후에도 그랬습니다. 어려서부터 남녀 간의 키스하는 모습이 아름다워 보이지 않았습니다. 오히려 좀 불결하다고 해야 하나요?

저희 부부는 중매로 만났고 결혼 전 성관계는 없었습니다. 제가 허락하지 않았습니다. 성관계는 느낌도 좋지도 않고 전후로 씻어야 하는 등 불편했습니다. 그런데 두세 번의 관계에서 임신이 되었습니다. 그 후로 몇 차례 더 있긴 했지만, 남편도 성관계를 요구하지 않아서 저와 결이 같은, 정신적 사랑과 신뢰를 더 중요하게 생각하는 그런 사람이라고 생각했습니다. 평소 제 남편은 저와 아이에게 뭐 하나 부족한 것 없이 친절하고 자상한 남편입니다. 저는 그런 남편을 존경했습니다.

그런데 몇 달 전 친구의 고백으로 남편과 제 친구의 이중성을 알게 되었습니다. 친구 말을 듣는 순간 피가 거꾸로 솟으며 그들의 기만에 끓어오르는 분노를 견딜 수가 없었습니다.

지금까지 저는 남편이 아닌 허깨비와 살았습니다. 남편이 보여준 행동은 모두 거짓말이었습니다. 친구는 남편과 무려 10년 동안이나 내연관계였다고 했습니다. 비밀도 없는 가장 믿었던 친구였습니다. 저희 집을 제집 드나들 듯했고, 남편과 함께 자주 식사와 술도 마셨습니다. 이 친구가 하는 말이 이랬습니다.

"이제 껍데기랑 사는 거 우리 모두를 위해 정리하고, 넌 아직 매력 있으니까 좋은 사람 만났으면 좋겠어. 의미 없는 결혼생활 인제 그만 정리하고, 네 남편 놓아줘."

그 말에 기가 막혔습니다. 분노가 치밀어올라 몸싸움까지 했습니다.

너무 흥분해 남편에게 바로 집으로 오라고 전화했습니다.

남편이 집에 들어서자 친구는 바로 전까지 표독스러운 표정을 지우고 남편에게 다가가 미안하다며 울먹였습니다. 신파극도 그런 신파극이 없을 겁니다. 그러면서 남편에게 너무 자연스럽게 말했습니다.

"자기가 정리도 못 하고 힘들어하는 모습, 안쓰러워서 지켜볼 수 없었어. 이젠 알아야 하잖아. 미안해."

그 모습을 지켜보자니 기가 막히더군요. 끓어오르던 감정이 한순간에 차갑게 식었습니다. 차분한 목소리로 남편과 친구에게 상간자 소송과 이혼 소송을 할 것이니 이 집에서 나가라고 친구를 돌려보냈습니다.

친구는 저의 집에서 한 시간 거리 아파트에 살았습니다. 친구는 늘 초라하게 살아서 집을 보여주기 싫다고 했기에 친구의 집엔 한 번도 가보지 못했습니다. 그날부터 그 친구 집 주변 사람에게 알아보니, 둘을 남편과 부부로 알고 있었고 친구 형제들과 왕래하는 것도 봤다고 했습니다.

남편은 친구에게 저와 곧 이혼할 거라 여러 번 말했다고 합니다. 그런데 10년이 지난 지금까지 실행하지 못하는 게 답답해 자기가 직접 사실을 밝힌 거라고 했습니다. 친구 남편이라서 미안한 마음도 많았지만, 자기들은 10년 동안 변함없이 사랑하고 행복했다고 합니다.

남편은 모든 사실을 인정했습니다. 하지만 가족을 버릴 생각도 없고 이혼하고 싶지도 않다며, 친구와의 관계를 정리할 거라고 했습니다. 어처구니가 없는 저는 그렇게 말하는 남편을 몰아붙였습니다.

"이제 와서 정리한다고 뭐가 달라져? 그런다고 내 상처가 사라지니? 어떻게 나를 속일 수가 있어? 다른 여자도 아니고 내 친구랑 그동안 나를 속이면서 둘이 얼마나 재미있었어? 10년이나 산 거면 철저히 두 집 살림 한 건데, 이혼할 생각이 아니라면 대체 뭐야?"

"어쩌다 정리를 못 한 거야. 사랑 같은 건 아니야."

"벌써 10년이나 살았잖아? 싫었으면 벌써 정리했어야지!"

남편과 이야기한 후 저는 더 혼란스러워졌습니다. 바람피운 남편보다 저의 모든 걸 알고 있는 그 여자! 그 친구에 대한 분노가 갈수록 커져서 견딜 수가 없습니다. 짐승도 아니고 어떻게 이런 일을 저지를 수 있는 건지 도무지 이해할 수 없습니다. 하루하루 피가 모두 마르는 것 같습니다. 어떻게 해야 할지 모르겠습니다.

남편
° 어떻게 생각하실지 모르겠지만 그녀와는 사실……
같이 살거나 결혼할 그런 감정은 없습니다. 저한테 모든 책임이 있습니다만, 솔직히 말씀드리면 처음 그녀는 단순히 성적 대상이었습니다. 아내를 생각하는 마음과는 다릅니다. 하지만 외도한 그녀가 친구라서 그런지 아내는 하루에도 몇 번씩 폭발합니다.

아내와의 성관계는 지금까지…… 거의 하지 않은 것 같습니다. 그녀와는 달아오르면 그냥 하게 되는데, 이상하게 아내와는 잘되지 않습니다. 저는 아내를 너무 아끼고 사랑합니다. 함부로 할 수 없는 그런 기분을 이해하실지 모르겠지만, 단순한 성적 대상이 아니고 지켜야 하는 사람입니다.

결혼 초 아내와 잠자리하며 천진하고 동그란 눈망울로 저를 바라보던 아내의 눈빛을 이상하게 잊을 수가 없었습니다. 그때부터 성관계를 거의 하지 않은 것 같습니다. 뭔지 모르게 두려웠고, 잠자리를 피하게 되었습니다.

그러던 시기에 외롭다며 그녀가 접근했고, 술 한잔 나누다 보니 관계가 깊어졌습니다. 그녀와 관계는 처음에는 불같았지만, 지금은 아닙니다.

어쩌면 지금이라도 부적절한 행동이 알려진 게 오히려 마음은 편합니다. 나쁜 놈으로 낙인찍히겠지만 정리는 될 테니까요.

그녀에게 다른 감정은 없습니다. 이렇게 마침표를 찍어야 하겠지요. 아내가 알게 되었으니 어떤 방식으로든 정리하고, 이혼만 제외하곤 아내가 원하는 건 무엇이든 다 할 겁니다.

● 댓글

- 상간녀는 아내 몰래 남편 만나 남의 가정을 무너뜨리고 남의 행복을 다 가지려 했

으니, 앞날이 패가망신일 듯.

- 상간녀 보통 아니네. 모든 걸 계획적으로 무서운 여자, 지가 끝인 줄 모르고.

- 폭삭 망해라. 죄를 지었으니 하늘이 노하셨네! 추하고 어리석은 년.

- 내연녀는 남자 홀리는 끼가 다분해 보이고, 아내는 정말 똑똑한 여성이고 정숙한

아내입니다. 다 보입니다. 그런 여자들, 아내랑 비교가 안 되네요.

- 남의 남편 도둑질? 그것도 친구 남편이랑 놀아나다가 무슨 꼴이람?

- 지옥으로 꺼져라. 평생 한시가 편안한 날 없이 살았을 부인 삶은 어땠을지가 그려

진다. 어휴 진짜.

상담。 가장 잔인한 불륜은 가깝고 친한 사람과의 외도입
니다. 무책임한 외도는 배우자의 영혼까지 파괴합니다.

아내는 가장 믿었던 친구와 남편에게 배신당하며 기만당
한 일들이 되새겨져 감당하기 힘든 고통에 빠졌습니다. 잘못
했다는 남편의 말 한마디로 10여 년간이나 해온 불륜을 아내
가 이해하거나 용서해줄 수는 없습니다. 용서하는 마음이 생
기지도 않고 마음이 편해지지도 않습니다.

부부간의 사랑은 몸과 마음의 결합입니다. 성관계가 잘 맞
고 좋았다는 말은 외도한 배우자가 주로 하는 말입니다. 불
륜관계는 성관계가 사라지면 관계도 끝인데, 그것을 사랑의

감정으로 믿습니다. 부부는 성관계가 뜸해지거나 섹스리스로 살아도 관계가 멀어지지 않습니다. 순간적으로 타오르는 뜨거운 열정이 사라져도 서로를 존중하고 아끼는 마음은 무엇보다 뜨겁고 귀합니다.

불륜을 고백하지 않았다면 부적절한 관계를 지속했겠지만, 내연녀의 고백은 오히려 부부 관계를 돌아볼 계기가 되어줄 것입니다. 그 덕에 성에 대한 가치관이 완전히 달라질 것입니다. 마음과 다른 갑작스러운 변화에 혼란스러울 수 있지만, 성관계가 귀찮고 싫었던 고정관념이 사라진다면 긍정적입니다.

남편은 10년간의 부적절한 관계를 정리하고 어떤 대가와 결과든 감당해야 합니다. 기혼 남성이 바람피우며 불륜녀에게 하는 가장 흔한 말은 이런 것입니다.

"어쩔 수 없이 아이들 때문에 그냥 산다. 애들 좀 크면 이혼할 거다."

이런 말에 내연녀는 자신이 아니었어도 원래 문제 있는 부부인 것으로 생각해 죄의식을 갖지 않게 됩니다. 이 말은 내연녀를 몇 년이고 기다릴 수 있게 합니다.

외도한 남편은 외도 관계를 들키면 바로 정리하는 데 반해, 외도 상대인 내연녀는 상대 남자가 아직 이혼할 때가 아니라서 이혼하지 못한다고 생각합니다. 아내가 무서워서, 일

문제가 얽혀 있어서, 위자료 등 불이익이 따르기에 이혼하지 못한다고 이해합니다. 내연녀는 불륜 행위와 양심의 가책을 사랑이라 포장합니다.

이 경우에선 친구인 내연녀가 아내를 시기 질투합니다. 자기보다 여유도 있고 좋아 보이는데 매너 있고 조건 좋은 남성과 결혼까지 했으니, 시기심이 꿈틀거려 자기와 같거나 낮은 위치로 끌어내리고 싶어 합니다. '저 친구는 단지 운이 좋아 좋은 남편을 만난 건데, 나는 왜 운도 없나' 하는 부러움에 시기 질투하며 빼앗고 싶어진 것입니다.

사람들은 불안정할수록 남은 행복하게 잘 사는 것 같고 나만 힘들고 불행하다고 느낍니다. 그렇기에 '자랑'을 조심해야 합니다. 무의식중에 하는 자식과 남편 자랑, 애인 자랑, 경제력 과시는 부러움의 대상이 되기도 하지만, 상대의 표적이 되기도 합니다. 누군가를 부러워하다가, 그가 가진 것을 빼앗거나 그를 불행하게 만들고 싶은 마음으로 바뀌는 것은 한순간입니다.

부러운 친구 남편을 달콤하게 유혹해 빼앗은 것은 내연녀 자신이 친구인 아내보다 매력 있기 때문이라 생각하고 만족합니다. 남편을 빼앗은 게 자신의 능력이고, 그렇게 남의 행복을 차지해 원래 자신이 누려 마땅한 것으로 생각하며 불안한 자신의 현실에서 도피하려 합니다. 여자끼리의 질투는 남성 간의 경쟁과는 다릅니다.

아내가 이혼을 바라지 않는 만큼 믿음을 주기 위한 남편 노력이 매우 필요한 시기입니다.

17세 상간녀

"뭐라고? 네가 준 카드로 펑펑 쓰고 다니는데. 정신 좀 차려!
걔는 꽃뱀이야!"

아내。 남편과 함께 학원을 운영 중입니다. 10년 되었고요. 그동안 아무에게도 말 못 할 일들이 참 많았습니다. 혼자 고민하고 해결해보려고도 했지만 잘 안됐습니다. 우리 때도 요즘 애들은 옛날하고 다르다, 겁도 없고 무섭다는 말이 있었지만 정말 요즘 애들은 뻔뻔하고 무섭더군요.

최근 남편 행동이 수상해서 알아봤더니, 바람을 피우고 있었습니다. 그 상대가 기가 막히게도 저희 학생이었습니다. 남편은 그 애가 처음부터 조금만 숙여도 속옷이 훤히 보이는 짧은 치마에 가슴이 터질 듯한 꽉 조이는 교복을 입고 노골적으로 자기를 유혹했다고 했습니다. 남편이 그런 유혹을 무시하자, 여학생은 그때부터는 쪽지를 써서 가져다 놓거나 문자, 카톡, 메일 등으로 사랑한다고 했답니다. 늦게까지 수업이 있던 어느 날, 남편이 아이들을 귀가시켜 주는데 할 얘기가 있다면서 마지막에 내려달라고 했답니다. 마지막 아이가 내리고 나니 그 학생이 흘겨보며 말했답니다.

"왜 내가 보낸 문자 씹어요?"

그러고는 남편 무릎에 올라앉아 기습 키스를 했다고 합니다. 그 후로 남편은 여학생과 사귀는 관계가 되었다고 했습니다.

처음엔 이 사실로 남편과 많이 다퉜습니다. 여학생을 내보내라고도 했습니다. 하지만 요즘 사정이 좋지도 않은 데다 그 여학생 동생도 저희 원에 다니고 있습니다. 어머님과도 자주 통화하고 저희 원을 많이 신뢰하고 있어서 그만두라고 할 상황은 아닙니다. 저는 남편과 여학생이 그간 주고받은 쪽지들을 죄다 찾아봤습니다. 남편은 아예 신용카드를 줘서 여학생이 그걸 사용하고 있었습니다.

그런 사실들을 모두 알고는 남편을 가만둘 수 없었습니다.

눈만 뜨면 퍼부었습니다.

"소문이라도 나면 우린 끝장이야. 어떻게 좀 해야 하는 거 아니니?"

"걔가 대학 가면 나랑 계속 만날 것 같아? 어차피 조금 있으면 갈 아이야. 그때까지만 기다려. 조용히 처리될 거야."

"뭐라고? 학원비 받으면 뭐해! 네가 준 카드로 펑펑 쓰고 다니는데. 꽃뱀이야, 걔는! 정신 좀 차려!"

남편은 저와도 아홉 살 차이가 납니다. 저를 처음 만났을 때 아이돌 같아서 좋았다고 했습니다. 하지만 남편은 지금 40대이고 두 딸의 아빠잖아요! 우리 아이들을 얼마나 끔찍이 아끼고 사랑하는지 아세요? 아직도 남편은 딸아이 목욕은 꼭 시켜주는 그런 자상한 아빠입니다. 그렇게 자상한 남편이 이런 일까지 벌일 줄은 몰랐습니다.

심지어 이 여학생이 처음이 아니더라고요. 전에도 사귄 애들이 몇 명 더 있었습니다.

학원에서 그 여학생을 볼 때마다 피식 웃고 지나가는데, 꼭 저를 비웃는 것 같아서 미칠 지경입니다. 그래서 여학생을 따로 만나 담판을 지어야겠다고 생각했습니다.

그 여학생의 말이 이랬습니다.

"정말 죄송해요. 그런데 오빠, 아니 원장님이 저를 너무 사랑한다고 하셔서 처음에는 거절했는데요. 근데 지금은 저도 많이…… 사랑하는 것 같아요. 나이, 그런 거 뭐 중요한가요? 그냥 편안하고, 멋있어요. 사랑하는 데 나이 차이는 아무 상관 없는 것 같아요."

"너 지금 그 행동이 뭔지나 아니? 아버지도 안 계신데, 너희 엄마가 아셔도 괜찮겠어?"

어처구니없는 여학생의 말에 뭐라 했더니 훌쩍훌쩍 울기 시작했습니다.

"얘, 네가 울 일이 아니야. 네가 만나는 사람 유부남이야! 네가 그런 옷차림을 하고 다니니까 남자들이 너를 쉽게 보는 거야. 네가 먼저 꼬리 친 거잖아!"

상간녀라 몰아붙이다가, 아직 학생이라 달래다가……. 도대체 어떻게 해야 할지 저도 모르겠는데 여학생은 제 앞에서 울기만 하니, 더 이상 대화가 되지 않았습니다.

다음 날부터 저는 한시도 남편 곁에서 떨어지지 않으려고 했습니다. 그 여학생을 볼 때마다 화가 치밀어서 하루도 편할 날이 없습니다.

그런데 남편은 외도가 밝혀진 뒤에도 계속해서 여학생에게 사랑한다는 문자를 보냈고, 6개월 전에는 그 여학생이 임신 중절 수술까지 했다는 것도 알게 되었습니다. 이 사실이 알려지면 저희는 학원을 접어야 합니다.

다른 곳으로 가게 되더라도, 저는 상간녀 소송을 하고 싶습니다. 그래야 끝날 것 같아요. 요즘 저런 애들이 너무 많습니다. 노골적으로 접근해 용돈 받아 쓰는 그런 싹수가 뻔한 애들 말이죠. 꽃뱀이 따로 없어요. 어리다고 무시하면 안 됩니다. 무서운 애들입니다. 어른들을 가지고 노는 거죠. 요즘 여학생들 어떻게 하고 다니는지 다들 아실 겁니다. 어린애가 아닙니다. 저렇게 들이대면 어떤 남자가 걸려들지 않겠어요? 저런 애들은 반드시 상간녀 소송이라도 해서 정신 차리게 해야 합니다.

● 댓글

- 자녀는 부모 잘못이지만, 쟤가 애인가?

- 인성 교육을 부모한테 받지 못해서 그런 것요.

- 어린아이 찾는 거시기들은 새끼손가락만 하던데, 병원 가서 자신감 찾아라.

- 부모도 선생도 모두 차암 훌륭하다.......

- 껍데기만 인간인 척 짐승만도 못한 이런 쓰레기는 살려둘 가치가 없다! 이런 변태는 사회에서 영원히 격리해라.

- 이해합니다. 요즘 고딩을 누가 아이로 보나요? 남자 후리고 다니는데. 소송하세요.

- 미성년자를 보고 성적으로 흥분한다는 게 내 상식으로 이해가 안 간다.

미성년자를 성적 대상으로 생각하는 건 남편의 심각한 문제입니다. 어린 학생이 어른처럼 치장하고 유혹했다고 해서 연애 대상으로 생각하고 행동한 건 매우 잘못된 일입니다. 그리고 평소 남편이 딸의 목욕을 시킨다고 하셨는데, 딸이 아직 어리더라도 목욕은 엄마가 해주면서 아이가 스스로 할 수 있도록 도와야 합니다. 차라리 그 시간에 남편에게 다른 일을 맡기는 것이 좋습니다.

어쩌다 보호해줘야 할 어린 학생이 이렇게 되었는지는 비극적인 일이지만, 소송보다 남편과 아내의 왜곡된 심리를 먼저 돌아봐야 합니다. 청소년이 성숙한 신체로 성행위를 했다고 성인이 되는 것은 아닙니다.

남편이 성인 여성과 외도한 것으로 치부하는 것은 남편의 비정상적인 성적 취향을 정당화시켜 주는 것입니다. 아내는 "어린 여자가 좋다고 유혹하면 남자는 별수 없이 다 넘어가지!"라고 생각합니다. 이는 남편의 문제를 제대로 보지 못하는 것입니다. 여학생을 남편은 연애 대상으로, 아내는 질투 대상으로 여기는 것이 옳은가요? 남편의 행동은 누가 봐도 정상이 아닙니다.

여학생을 상간녀로 치부하기보다는, 먼저 미성년자이고 학생으로 보셔야 합니다. 남편과 아내 두 사람 모두 이를 인정하지 않는다면 어떤 해결도 치유도 할 수 없습니다. 남편은 자신의 가치관이 잘못된 것임을 알아야 하고, 아내는 남편이 뉘우칠 수 있도록 해야 합니다. 이런 문제를 회피한다면 남편은 자신의 문제를 영원히 모른 채, 또 다른 미성년자를 연애 대상으로 물색해 같은 문제가 반복될 것입니다.

부부는 서로에게 보호자입니다. 한 사람에게 문제가 발생하면 다른 배우자는 그가 건강한 심리를 찾을 수 있도록 도와야 합니다.

사라진 아내들

아내 외도 사례

분위기에 휩쓸려 되살아난 순간의 감정으로 외도를 시작한 아내도 있다.

이들에게 외도한 이유를 물으면 "그냥, 나도 잘 모르겠어"라고 말한다.

내 아내의 사생활

"어떻게 이럴 수 있니? 게임 하다 만난 것도 어이없는데,
그놈을 사랑한다고? 그게 지금 남편한테 할 말이야? 게임을
알려준 내 책임도 있겠지만, 이제 제발 정신 좀 차려!"

^{남편.} 벌써 두 달 전 일입니다. 저는 정말 열심히 살았는
데 어떻게 제게 이런 일이 일어났는지, 제가 아내에게 무슨
잘못을 했길래 그런 건지……. 도저히 이해할 수가 없습니다.

장인어른은 목회자입니다. 장모님도 온화하고 평범한 분

이시고요. 교회에서 우연히 아내를 만나 사귀게 되었는데, 처음에는 목사님 딸인 줄 모르고 만났습니다. 아내는 평소 말이 없었고 친구도 없고 사람들과 관계도 전혀 없었습니다. 직장생활은 2년 정도 했다고 했고, 결혼 후 퇴사해서 전업주부가 되었습니다. 아내는 여전히 말이 없는 편이지만 서로 큰 문제는 없었습니다.

그러던 중 아내가 종일 집에 있는 것이 힘들다고 해서 게임을 한번 해보라고 권했습니다. 저도 예전에 게임을 자주 했고 시간 보내기에 좋았던 기억에 남아 있어서요. 아내는 게임을 시작하고 나서 의외로 깊이 빠져들었습니다. 그러다가 점점 집안일과 아이에게 소홀해지는 듯하더니, 나중에는 심각해져서 아예 손을 놓았습니다. 밤새워 게임 하는 일이 다반사였고, 아이들 밥도 라면이나 컵라면 아니면 배달 음식으로 때웠습니다. 물론 퇴근한 저의 저녁은 말할 것도 없고요. 그런 문제 때문에 다툼도 잦았지만 그래도 이해하려고 했습니다.

그런데 6개월 전부터 안 하던 외출을 가끔씩 하기 시작했습니다. 친구 모임에 나간다면서 화장도 하고 옷도 산뜻하게 입고 집을 나섰습니다. 그래서 이젠 모임을 다니며 게임은 자제하는 줄 알았습니다.

제가 야근하다 늦게 들어온 날, 주차장 구석에 주차된 아내 차를 보고 그날따라 이상한 느낌이 들었습니다. 가까이 가보았는데…… 아내가 어떤 남자와 엉겨 붙어 있었습니다.

순간 눈앞이 캄캄해지며 아무 생각도 나지 않았습니다. 뒤돌아 외면하려다가, 순간 증거를 남겨야겠다는 생각이 불현듯 스쳤습니다. 그래서 다시 차로 가서 이 악물고 지켜봤습니다. 저게 내가 알던 아내였나 싶을 정도로 과감한 스킨십을 하고 있었습니다.

저는 치밀어오르는 화를 참지 못하고 뛰어가서 차 유리창을 여러 번 세게 두드렸습니다. 그놈과 아내가 놀라 옷매무새를 고치고는 잘못했다며 빌기 시작했습니다. 그 자식은 아내와 게임 하다 알았는데, 아내가 만나자고 해서 몇 차례 만났다고 했습니다.

"형님, 앞으로 절대 만나지 않겠습니다. 저를 믿고 한 번만 용서해주십시오."

아내는 아무 말도 없이 옆에 있다가 그냥 집으로 올라가 버리더군요. 저는 그 남자 인적 사항을 알아내고 조만간 상간자 소송할 거니 그리 알라고 하고 돌려보냈습니다.

집에 올라간 저는 아내를 추궁했습니다. 아내는 미안하고 잘못했다고 하면서도, 자기는 정말 외로웠다고 했습니다. 자신에게 관심도 주지 않고 오로지 직장생활과 일에 절어 있는 저와 맞지 않으니 이혼하자고 했습니다. 자기는 결혼하면 안 되는 사람이고 원래 그런 사람이니 이해해주면 안 되냐고, 미안하다고 했습니다.

그 뒤로 몇 달을 매일같이 화내다가, 자고 나서 눈 뜨면 후회하며 미안한 마음에 잘 대해주고……. 이러기를 반복했습니다. 이혼하겠다는 아내 마음은 꿈쩍도 하지 않습니다.

제가 컴퓨터를 때려 부숴버려서 그날 이후 아내는 게임을 못 합니다. 핸드폰도 압수해 위치추적 앱도 깔았습니다. 그런데 앱을 깔던 중 아내 휴대전화에서 더러운 영상을 보게 되었습니다. 그렇게도 그 남자가 좋은 걸까요? 이런 걸 촬영해 간직하고 있는 아내를 도저히 이해할 수 없고, 더럽고 추해 한집에 같이 있을 수조차 없는 상황입니다.

아내는 아이들도 제가 키우라고 합니다. 자기는 몸만 조용히 나가면 된다면서요. 또 나가서 그 남자를 만날 것 같은 불안한 마음에 일도 손에 잡히지 않습니다. 그날 아내와 남자가 엉겨 붙어 있던 장면만 머릿속에 온통 우글거립니다.

그래서 장인 장모에게 연락을 드려 자초지종을 말씀드리고 도움을 청했습니다. 장인 장모는 매우 놀라 아내와 통화하며 심하게 꾸짖었습니다. 하지만 조용히 처리하길 바라셨고 장모가 당분간 우리 집에 기거하며 아이들도 봐주고 아내를 설득하겠다고 합니다.

하지만 아내는 아무 변화도 없습니다. 장모 말에 의하면 아내는 그 남자를 진심으로 사랑했고 자주 운다며, 잊을 시간이 필요할 것 같다고 합니다.

그게 지금 말이 되나요? 저는 대체 어떻게 해야 할지 저도 제 마음을 모르겠습니다. 이런 상황이면 뒤도 돌아보지 말고 이혼해야 하는데, 제가 왜 이렇게 어리석고 미련한 걸까요? 깨어나면 사라질 꿈이었으면 하는 심정입니다.

아내는 정말 그 남자를 사랑하고 가정은, 아이들은 하나도 중요하지 않은 걸까요? 아내 마음을 도무지 알 수가 없습니다. 이런 아내도 정신을 차릴 수 있을까요? 아내만 정신 차리고 가정으로 돌아온다면 다 묻고 살 수도 있을 것 같은데 잠도 못 자고 하루하루가 고통입니다.

●댓글

- 여자가 바람나면 끝이다. 뒤돌아볼 것도 없다.

- 이거 봐주고 저거 봐주고 하니. 집안이 이 꼴 난 거다.

- 사랑 타령하고 살게 내버려두세요. 팔자는 자기가 만드는 거랍니다.

상담。 아내는 외도 파트너에게 위로받으며 그것이 행복이고 사랑이라고 생각했을 것입니다. 이런 여성은 누구에게도 사랑받은 기억이 없다고 합니다. 아내는 사랑한다면 행동으로 다 드러나야 하는데, 남편에게서 그런 모습을 보지 못했으니 사랑받지 못했다고 생각한 것입니다. 결혼 후 남편 역시 자기를 사랑하지 않았고 존중받지 못한 삶을 살았다고 말합니다. 자신의 애정결핍을 상간남이 채워주었다고 생각하겠지요. 가끔 연애 감정이나 느끼며 사는 것이 자신에게 딱 맞는 삶이라고 할 것입니다.

아내는 자기 잘못으로 예전처럼 평범한 행복을 누리지 못할 것으로 생각합니다. 평생 눈치 보며 죄인처럼 살아야 하는 것이 싫을 것입니다.

이런 애정관은 어린 시절부터 형성된 것으로, 자기가 바라는 표현이 나타나지 않을 경우 심한 우울과 불안감을 느낍니다.

아내 외도를 겪는 남편은 외도 파트너 남성의 목적이 성관계일 뿐, 단연코 사랑이 아니라고 아내를 설득합니다. 하지만 이런 말을 한다고 해서 아내에게 들리지 않습니다. 남편이 더욱 싫어질 뿐입니다.

아내의 잘못이 크지만, 남편은 왜곡된 심리를 치유해 아내의 마음을 여는 것이 우선입니다. 남편의 불안감이 크겠지만 아내의 이혼 요구에 당분간 대응하지 말아야 합니다. 아내 마음이 바뀌지 않을지도 모른다는 두려움이 끊이지 않을 것입니다. 하지만 아내 역시 매우 큰 두려움 속에 고립되어 있으니 힘들어도 잠시 숨 고르기를 하길 바랍니다.

상간남 도움으로 교수가 된 아내

*"미친년! 근본도 없는 못 배운 년! 몸 대주고 학위 받더니 또
그따위 하찮은 몸으로 교수된, 몸 팔아 뭐든 다하는 더러운
년!"*

아내. 남편은 외모, 직업 모두 모자란 데가 없습니다. 제
게도 물론 항상 잘해주는 편이었고요. 제 결혼생활은 평범한
편이었고, 남편과의 사이는 좋습니다.

저와 남편은 학력과 조건 모두 비슷합니다. 그런데 남편은
곧바로 교수가 되었고, 저는 되지 않았습니다. 스트레스를

받던 중 모 대학에 근무하고 있는 선배와 연락이 닿았고, 그분 도움으로 교수가 될 수 있었습니다. 고마운 마음에 저녁을 샀고 2차를 가며 친해졌습니다. 어차피 같은 직장이니 그 선배 도움이 필요할 것 같아 친하게 지내냈습니다.

저는 지금까지 살아오며 남자에게 집착하거나 이성을 사귄 경험이 많지 않습니다. 아무나 사귀는 그런 사람도 아닙니다. 다만 제가 그토록 꿈꾸던 교수가 되기 위해 스트레스 받고 있을 때, 남편이 전혀 도와주지 않은 것이 너무 서운했습니다.

저는 제가 하는 일에 도움이 될 것 같은 사람, 저를 도와줄 사람을 결혼할 대상으로 생각했습니다. 남편이 그런 사람인 줄 알고 결혼했는데, 막상 결혼하고 나니 어떤 도움이나 관심도 없었습니다.

감사하게도 그 선배의 도움으로 꿈을 이룰 수 있었습니다.

선배와는 일주일에 한두 번, 만날 때마다 연애하는 것 같아 기분이 좋았습니다. 저를 정말 많이 이해해주는 사람입니다. 그에게 사랑받고 있다는 느낌도 들었습니다. 진작 이런 사람과 결혼했어야 한다고 느꼈고, 그 후 2년이라는 기간 동안 학회며 세미나 등에 선배와 동행했습니다. 둘만 여행 가는 기분과 함께 퇴근하며 잠깐 모텔에 들르는 시간이 기다려지고 설렜습니다.

남편과 사이가 나쁘지는 않았습니다. 하지만 왠지 저를 꼼짝 못 하게 하는 선배의 남자다운 매력은 남편과 전혀 다른 색깔이었습니다. 그가 제 마음을 훔쳐갔습니다.

사람들은 제게 부도덕하다고 할지도 모르겠지만, 사실 2년이라는 그 시간은 제겐 다시없을 행복했던 순간들이라 후회하지 않습니다. 하지만 현실은 그렇지 않기 때문에, 선배를 만나고 온 날은 흔적들을 없애고 가정에 충실했습니다.

그런데 어느 순간 남편이 저를 의심하기 시작했습니다. 남편은 제가 없앤 증거를 치밀하게 찾아냈습니다. 남편이 사실을 모두 확인하고 저에게 물어봤을 때, 저는 모든 걸 인정했습니다.

"미친년! 근본도 없는 못 배운 년! 몸 대주고 학위 받더니 또 그따위 하찮은 몸으로 교수된, 몸 팔아 뭐든 다하는 더러운 년!"

남편은 제게 상스러운 욕설과 성폭행을 했습니다.

저는 이런 상황에 남편과 성관계하고 싶은 마음이 생기지 않습니다. 하지만 남편은 매일같이 매우 거칠게 시도 때도 없이 관계를 요구했습니다. 분노를 참지 못할 때는 아이 앞이든 어디에서든 아무 데서나 쌍욕을 합니다.

저는 아무 말도 할 수가 없습니다. 이럴 바에는 차라리 깨끗하게 이혼하고 싶은 마음이 굴뚝같습니다. 하지만 남편이 이혼해주지 않을 것 같아 하루하루 숨죽이며 지내고 있습니다.

상대방에게 상간녀로 소송당하고 교수직도 불명예스럽게 잃을 수 있는 상황이지만, 남편은 이미 선배에게 상간자 소송을 걸고 이 사실을 학교에 모두 알렸습니다. 물론 선배 부인과도 통화한 것으로 알고 있습니다.

이 모든 일들은 제가 외도를 해서 벌어진 일인 것은 잘 압니다. 하지만 저도 사람인데, 같이 살 거라면 저를 이렇게까지 학대하는 남편과 어떻게 부부 관계를 유지할 수 있을까요? 남편은 이혼하고 싶지 않은 건지 저도 잘 모르겠습니다. 제가 상습적으로 바람피운 것도 아니고 남편이 용서해주기로 했다면 더는 아무것도 묻지 않았으면 합니다. 용서하기로 했다면 그래야 하는 거 아닌가요?

● 댓글

- 와 진짜 뻔뻔하네.

- 백여시! 집안 풍비박산 내놓고도 할 말이....... 교수 자격이 있나?

- 대접받고 살았으면 제대로 살던가....... 이참에 자격 없는 것들 싹 다 퇴출하자!

- 이참에 마누라 바꿀 기회!

상담。 자신의 결혼생활에 만족하는 사람은 거의 없을 겁니다. 결혼 전 아내가 고려했던 남편의 조건은 아내가 자신의 관점으로 편집하고 해석한 결과입니다. 하지만 이런 불만으로 외도를 정당화할 수는 없습니다. 아내는 불만을 논하기 전에 남편과 자녀의 심리적 충격과 상처를 먼저 봐야 합니다.

잘못을 저지른 사람들은 사죄보다 불만과 변명을 먼저 합니다. 외도의 충격으로 모두 망가져 아무것도 할 수 없이 황폐해진 가족보다 변명에 급급한 아내에게서는, 자녀를 걱정하는 엄마의 모습을 찾아볼 수 없습니다. 심리적으로 위중한 가족에겐 변명일 뿐입니다.

남편은 아내 외도로 매우 불안한 상황입니다. 남편의 분노 표현과 질타는 아내를 용서하고 살기 위함이지만, 외도한 아내는 그것을 모릅니다. 외도 문제는 잊으려 노력할수록 또렷해지고 상상만 커져 절제하지 못하게 됩니다.

아내는 상간자에게 미련이 남아 있습니다. 상간자의 이별 통보로 배신감을 느꼈지만 "각자 문제는 각기 해결하자"라며 상간자는 아내를 차단했습니다. 자존심 상하고 창피하지만, 아내는 그 상처를 누구에게도 표현하지 못합니다.

그러니 남편은 아내 의중을 확인하려는 행동을 잠시 멈춰야 합니다. 분노 감정을 견디지 못해 그 남자에게 전화해서

얻은 것이 없습니다.

상간자는 남편에게 이렇게 말했다고 합니다.

"이제라도 네 마누라 단속 잘해라! 나한테 소송 걸면 네 마누라도 상간녀 소송당할 거야! 나도 네 직장에 찾아가 다 알릴 테니 마음대로 해!"

상간자의 적반하장에 남편 분노는 커졌고, 커진 분노는 아내를 향했습니다. 결국 남편 자신만 고통스럽게 되었습니다.

어떤 심경일지 충분히 이해합니다. 하지만 감정으로 이 문제를 해결할 수 없다는 것을 알게 된 계기로 생각해야 합니다. 상간자와 통화하든 만나든 목표를 정한 후 진행해야 합니다. 준비된 상담 및 코칭으로 남편의 감정 치유와 상간남에 대해 통쾌한 대응을 할 수 있습니다.

남편은 아내의 뉘우침을 엎드려 구하기보다, 과정을 지켜보며 아내 스스로 깨닫도록 해야 합니다. 아내는 곧 깨닫게 될 것입니다. 배우자 외도 상황은 누구에게든 힘든 고통의 시간이며 냉정한 사람일지라도 판단과 결정을 제대로 할 수 없는 상태가 됩니다. 예외인 사람이 없습니다. 자책하지 말고 힘내어 소중한 가정을 지켜야 합니다.

손가락만 바람피웠다고

"지금 그걸 말이라고 하니? 어떤 놈이 모텔방에 여자랑
들어가서 애무만 하고 섹스를 안 하니?"

남편。 아내가 다른 놈과 수시로 모텔에 드나들었습니다.
제가 모든 걸 확인했고 아내도 실토했는데, 성관계는 하지
않았으니 외도는 아니라고 합니다. 이게 대체 이해가 되는
말인가요? 다 용서해줄 테니 제발 사실대로 말하라고 해도
죽어도 아니라고 하니 제가 정말 미쳐가는 것 같습니다.

"대체 뭐가 문제였던 거니? 내가 뭘 잘못한 게 있는 거니?

어떻게 이럴 수 있는 거야? 모텔에는 갔는데 섹스는 하지 않았다는 게 말이 되니? 날 아예 미쳐 버리게 만들려는 거야?"

저희 부부는 생활비를 확인하기 위해 가끔 카드내역이나 현금지출 부분에 관해 이야기합니다. 그런데 지지난달에 아내가 호텔에서 결제한 금액이 나와서 물어보니, 거래처 사람 만나 점심 먹은 거라고 했습니다. 대수롭지 않게 넘어갔는데, 그런 게 또 나왔습니다. 순간 이상한 기분이 들어 캐물었습니다. 그러자 아내는 채팅앱에서 만난 남자가 만나주지 않으면 남편에게 알리겠다고 해서 몇 차례 만났지만, 성관계는 하지 않았다고 합니다.

그러면 모텔에서 대체 뭘 한 거냐고 물었습니다. 그랬더니 키스와 애무는 했지만 가슴만 허용했고, 성관계는 임신할 수도 있어서 하지 않았다고 합니다. 저한테 죄짓는 것 같아 안 된다고 했답니다.

"지금 그걸 말이라고 하니? 어떤 놈이 모텔방에 여자랑 들어가서 애무만 하고 섹스를 안 하니?"

하지만 제 말에도 아내는 정말 하지 않았다고, 남자가 손가락으로만 했다는 말만 했습니다. 어이없고 황당하지만 정말 그 말이 맞는지 그 남자를 만나 족칠 수도 없고, 아내는 그놈 핸드폰 번호를 삭제해서 모른다고 발뺌했습니다. 아내에게 통화 내역을 복구하면 그자 연락처를 알 수 있을 테니

당장 복구하라고 했습니다.

사실 걱정도 되고 두렵기도 합니다. 아내 말처럼 성관계를 하지 않았다면 상간자 소송도 되지 않는 거 아닌가요? 그리고 상간자 소송을 해서 이 일이 직장에 알려지면 저희는 직장을 잃을 수도 있어서 걱정되기도 합니다. 아내 말을 그냥 믿고 묻어두려 해도 자꾸만 상상하게 되고, 화가 치밀어 견딜 수가 없습니다.

제 아내는 정말 순진한 사람입니다. 바람피운다는 건 상상할 수도 없을 만큼 순수한 사람이었으니까요. 결혼 전 남자를 사귀어본 경험도 없습니다. 그런데 어떻게 같은 동네에서 취미 활동하는 사람과, 그것도 집 근처에서 이런 짓을 할 수 있었는지 이해되지 않습니다.

이제 저는 어떻게 해야 할까요? 바보 같고 순진한 제 아내를 더 다그칠 수도 없고, 그놈을 만나자니 만나서 뭐라 할지 사실 자신이 없습니다.

아내와 이혼하지 않고, 모두 잊어버리고 잘 살 수 있을지 정말 궁금합니다. 그런 방법이 있을까요?

● 댓글

- 일단 둘이 정신병원에 들어가세요.

- 부모 잘못, 공부만 하느라 인성 교육을 받지 못해서 그런 거지요.

- 그니까 그러지 말래도 오지게 하더니, 거봐라!

- 딱 봐도 남편이 아깝다. 남편이 대단합니다.

상담。 데이트 앱을 즐겨 사용하는 사람들은 들뜨고 설레는 감정을 느끼며 평소에 갖고 있는 불안감을 해소합니다. 상대가 나에게 관심을 보이면 자신감이 높아지는데, 이를 자존감을 회복한 것으로 착각합니다. 배우자에게 들킨 후의 결과를 예상했다면 이런 만남을 시도조차 하지 않았을 겁니다.

데이트 앱에서 활동하는 남성은 대부분 사기를 치거나 쉽게 성관계를 할 만만한 대상을 찾습니다. 한 사람과 대화가 잦아질수록 그들의 유혹은 더욱 저돌적으로 변합니다. 이런 분위기에 몰입하는 일부 여성은 이것을 자신에 대한 관심과 사랑으로 착각합니다. 만날까 말까 망설이다가 만난 뒤엔 양심의 가책을 느낍니다. 하지만 이 뜨끔함을 은밀하고 부적절한 관계에서 발생하는 설렘이나 스릴로 잘못 해석하면서 짜릿한 만남에 중독되어 갑니다. 중독은 습관이 되고, 습관대로 하지 않으면 불안감이 가중되어 벗어나기 힘들어집니다.

아내는 지금까지 살아오며 인간관계가 매우 적었습니다. 이성에 관심은 있었지만 외모 콤플렉스 등으로 타인의 관심을 받은 일도, 연애 경험도 없었습니다. 오로지 자신의 기분에만 충실하며 다양한 인간관계의 경험과 지혜가 부족합니다. 의도를 가지고 접근한 사람인데도, 자신과 말이 잘 통하고 자신을 알아주는 사람이라고 쉽게 믿었습니다.

외도하는 사람은 배우자나 자녀에게 죄의식과 양심의 가책, 들킬지도 모르는 두려운 감정조차 다른 이성과의 대화와 만남으로 풀며 그럴만하다고 정당화합니다.

아내는 크게 뉘우치고 있고 남편 또한 이혼보다 화합을 바라는 만큼, 우선은 아내와 대화를 늘리고 더욱 세심히 보살펴야 합니다.

딸보다 어려진 꽈배기 아내

"내가 정말 죽을 죄를 졌어. 네 얼굴을 어떻게 보니. 너무 미안하다."

한눈에 봐도 어려 보이는 여성과 초췌한 모습으로 하얗게 부르튼 입술의 중년 남성이 고개를 숙이고 상담실로 들어왔다. 분명 아내 외도로 방문한 40대라 들었는데 히죽거리며 배배 꼬며 들어오는 여성은 그의 아내로 보이지 않았다.

"부부시죠?"라고 묻자 남자는 "네"라며 고개를 숙였다. 뒤따라 들어오는 아내에게 "기분 좋은 일이 있으신가 보네요?"

라고 하자 자리에 앉으며 살짝 돌아앉으며 말했다.

"그, 그게 아니라요. 그냥 좀 너무 이상해서요. 제가 잘못해서 오빠가 끌고 와서 어쩔 수 없이 왔는데 여긴 좀 무서운 것 같아요."

상담이 시작되니 남편은 숨이 쉬어지지 않는다며 고통을 호소하며 잠시 물을 마시러 나갔다. 그 사이 아내는 남편도 옛날에 바람을 한 번 피웠고, 자기도 다른 남자를 만나긴 했지만 복수하려고 한 건 아니라고 말했다. 다만 자신이 얼마나 어리석게 살았는지 다른 남자를 만나면서 알게 되었고, 그래서 그때부터 말투, 표정, 옷차림 등 전부 바꾸게 되었다고 했다. 아내의 이야기를 듣고, 남편과의 상담이 시작했다.

남편
。 몇 년 전에 제가 바람을 피웠던 적이 있었습니다. 심각한 사이는 아니었고요. 바로 정리하고 아내에게 미안하다고 했습니다. 하지만 시간이 지나도 아내의 집착과 의심은 끊이질 않았습니다. 해도 해도 너무한다 싶어 화도 많이 낸 건 같습니다.

아내는 전업주부이고 딸아이가 하나 있습니다. 가정밖에 모르던 사람이었습니다. 그런데 언젠가부터 밖으로 돌기 시작하더군요. 한두 달쯤 지났을 때부터 딸아이와 쇼핑도 다니며 밝아지길래 이젠 좋아졌나보다 했습니다.

그런데 친구 녀석이 아내가 저와 친한 선배의 사무실에 드나든다고 얘기해주더군요. 우연히 선배한테 들렸는데 제 아내가 그곳에 있어서 이상했다고요.

그날 저녁 아내를 추궁하니 그 선배와 사귄다며, 피식 웃으며 말했습니다.

"오빠 미안해."

한바탕 난리를 친 후 선배에게 바로 찾아갔습니다.

"내가 정말 죽을 죄를 졌어. 네 얼굴을 어떻게 보니. 너무 미안하다."

선배는 아내에게 이제 오지 말라고 말했는데도, 아내는 밑반찬을 싸들고 자주 왔다고 합니다. 그 부적절한 관계는 1년 정도 되었다고 합니다.

아내는 예전에 제가 바람피웠던 일이 아직도 가슴 아프다고 합니다. 잊어버리려고 정신과도 다녀봤지만 아무 소용이 없었고, 아무도 자신을 알아주지도 않는다고 했습니다.

제가 저지른 외도를 잊어버리려고 나름대로 방법을 찾았다고 합니다. 문득 남자들은 젊고 예쁘고 상냥한 여자를 좋아한다는 것을 생각하고, 그때부터 딸과 쇼핑하며 자기 외모를 20대처럼 꾸미고 말투도 싹 바꿨다고 합니다. 그러니 남자들이 너무 좋아하더라는 거죠. 그러고 보니 언젠가부터 말도 질질 늘어뜨리며 혀 짧은 소리로 바뀌긴 했습니다.

선배와 다투다 이런저런 얘기를 했는데, 아내가 선배에게 찾아와 술 마시며 하소연하다 이런 말을 했다고 합니다. 아내는 이미 많은 남자를 만나고 다녔고 상대도 가리지 않는다고요. 선배는 저에게 입이 열 개라도 할 말이 없지만, 아내를 잘 달래 돌려보내려고 했답니다.

어찌 됐든 지금은 아내가 문제인 거죠. 저는 이상하게 화도 나지 않고 창피하지도 않습니다. 다만 아직도 철없이 행동하는 아내가 바뀔 수 있을지가 의문입니다.

● 댓글

- 간통죄가 없어졌으니, 처벌도 없네.

- 남편 잘못. 사람은 고쳐 쓰는 게 아님!

- 둘이 돌아가며 바람피우니 애들만 불쌍하구나.

- 이혼할 맘 없으면 아내에게 잘해주세요. 잘못을 안다면.......

상담。 아내의 행동에는 분명 과거 남편의 외도가 영향을 끼쳤습니다. 하지만 그런 일을 겪었다고 모두 외도를 하는 것은 아닙니다. 아내의 행동도 남편에게 복수하려는 맞바람이 아닙니다. 아무도 알아주지 않는 자신의 고통과 힘듦을 해결할 방법을 스스로 찾아내 극복했다고 생각한 것입니다. 그 방식에 익숙해지다 보니 이런 삶이 옳았다는 확신이 더 큰 문제가 되었습니다.

과거 남편의 외도는 아내에게 힘든 고통이었습니다. 그 당시 아내의 심경은 현재 남편과 크게 다르지 않습니다.

아내의 바뀐 행동과 모습은 정상적인 주부의 모습이 아닙니다. 과거 남편 외도로 아내는 삶에서 자신을 보호해주거나 알아주는 사람도 헌신할 대상도 사라졌습니다. 남편 외도가 발생하기 전에는 헌신적인 엄마였습니다. 하지만 지금은 모두 사라지고 자신밖에 없습니다. 스스로 부질없다고 느낀 겁니다. 그렇다고 허전하거나 외롭지 않은 것이 아닙니다. 이혼은 자신 없고 마음은 허전하고, 그런 마음을 다른 남자로 채운 것입니다. 부부 관계에 문제로 인한 허전함은 견뎌지지만, 외도 후의 허전함은 견디기 힘든 경우가 많습니다. 이렇게 아내는 자기 외도를 스스로 정당화했습니다.

지금부터 남편은 아내에게 이혼하지 않을 거라는 말을 하지 말아야 합니다. 언제든 이혼할 수 있다는 모습을 보여야 합니다. 남편이 힘들어하거나 잘해주려고 노력한다면, 아내는 잘못된 행동을 돌아보며 반성하거나 바꿀 필요성을 느끼지 못하게 됩니다. 나중엔 달라지겠지만 시작은 이렇게 하며 상황을 지켜봐야 합니다.

병원만 다녀오면 밝아지는 아내

"남녀 간의 감정은 어쩔 수 없잖아!"

남편. 저는 정말 죽도록 일만 했습니다. 결혼 전 아내 집안과 저희 집안의 경제적 차이 때문에 아내의 부모님은 결혼을 반대하셨습니다. 꼭 성공할 거라는 다짐으로 일에만 전념했습니다. 그러던 중 아내의 건강 상태가 나빠졌습니다. 잘못된 시술로 더 심각한 상황이 되어 젊은 나이임에도 한동안 누워 지내야 했습니다. 좀처럼 나아지지 않았고 제 일이 바빠지며 지인 소개로 유명하다는 치료센터를 소개받아 병원과 그곳을 병행한 후부터 건강이 좋아지기 시작했습니다. 당시 저는 하는 일을 확장하며 경제적으로 풍족해지기 시작했습니다.

아내는 치료받은 지 1년쯤 지나자 일상생활에 아무 지장이 없을 만큼 좋아졌습니다. 아내는 그간의 보상이라도 받듯 명품에 집착하며 쇼핑하기 시작했습니다. 많이 쓸 때는 카드값이 몇천만 원이나 나왔습니다. 그래도 그동안 고생했는데, 그 정도는 괜찮다고 생각했습니다. 제게 그만한 능력도 생겨서 부담스럽지 않았고, 밝아진 아내를 되찾은 것만으로도 충분했습니다.

저희 부부는 사이가 꽤 좋은 편입니다. 어떤 문제가 생겨도 각방 쓰는 일도 없었고, 일주일에 3~4번은 부부관계를 했으니까요.

그런데 언젠가부터 관계를 할 때 아내의 반응이 달라졌다는 것을 느꼈습니다. 다른 남자 손을 탄 것 같은 느낌이 강하게 들더군요. 그날부터 아내를 감시하며 미행도 했습니다. 그런데 치료받으러 간 곳에서 성관계하는 것을 봤습니다. 너무도 화가 치밀어 올라 이 악물고 소리를 질렀습니다. 서둘러 영상을 찍고 그놈에게 고소할 것이니 준비하라고 한 후, 아내를 데리고 돌아왔습니다.

그날부터 저는 아내와 매일 성관계를 하며 온갖 욕을 퍼부었습니다. 물론 평소에는 아무 말도 하지 않았습니다. 아내는 자기 몸을 만져주는 치료를 계속 받다 보니 자기도 모르게 자연스럽게 욕구가 생겨 관계하게 되었다며, 그놈을 사랑하거나 저와 이혼할 마음은 전혀 없다고 합니다.

어쨌든 그 일로 아내는 시들해졌던 우리 관계가 다시 예전처럼 회복된 것 같아 더 좋다고 합니다. 잠자리하며 욕먹는 것도 뭔가 자극이 된다면서요.

그렇게 6개월 정도 지나면서 제 심리에 문제가 생긴 건지, 이젠 아내가 더럽게 느껴집니다. 아내가 몸이 아파 아무것도할 수 없을 때도 저는 아내를 존중했는데, 이젠 하찮게 느껴지고 존중해주거나 아껴줄 필요가 없다고 해야 할까요? 갈수록 함부로 대하게 되는 것 같습니다. 물론 성관계할 때만 심한 표현을 하지만, 평상시에 아내에 대한 마음이 예전 같지 않습니다.

아내와 그 짓을 했던 남자도 처벌했고, 아내도 다른 곳에서 치료받고 있습니다. 그래도 갈수록 아내가 더럽게 느껴지는데, 제가 이 결혼생활을 유지할 수 있을까요?

● 댓글

- 무릎 꿇고 석고대죄.

- 딱히 할 말이 없는 한 사람으로서 바람에도 최소한의 인격은 갖추길.

- 남 일 같지 않네. 아픈 사람 살려놓으니 어떻게 이렇게 갚을까?

- 잘 달래서 이혼하세요. 나 같으면 절대 못 살 것 같음.

상담。 부부 관계는 성관계가 좋다고 문제 없이 살 수 있는 것이 아닙니다. 아내가 외도한 이유도 성 때문이 아닙니다. 오랜 투병 생활로 다른 남자에게 물리치료를 받으며 살아난 감각을 감정으로 전환하여 행동한 것입니다. 치료를 위한 신체 자극을 남자의 호감으로 받아들였고, 자신을 여성으로 보아주는 그 남성에게 끌렸던 행동입니다.

물론 아내가 "남녀 간의 감정은 어쩔 수 없잖아!"라고 말하는 건 잘못입니다. 감정을 통제하지 못한다면 동물과 다를 바가 없습니다. 그 결과 부끄럽고 추함만 남았다는 것을 아내는 깨달아야 합니다.

남편 또한 자신이 성공해 무언가 보여줘야겠다는 다짐이 남달랐습니다. 일도 열심히 하며 성관계도 좋았기 때문에 별 문제 없을 것으로, 그것이 잘 사는 것으로 생각했지만 부부 사이에 정서적인 부분이 아쉽습니다. 아내가 잘못을 인정한다면 남편은 심리 치유 타이밍을 놓치지 말아야 합니다. 만일 아내가 이를 거부한다면 남편 혼자 치유를 시작해야 합니다. 남편은 아내 문제이니 아내가 참여하지 않는 치유는 의미 없다고 생각했습니다.

아내 외도를 겪은 남편들은 자신이 아내 성격을 누구보다 잘 안다고 생각합니다. 그래서 아내가 외도를 하기는 했지만 지금은 뉘우치고, 아내가 상담을 부담스러워해서 거부하다가 헤어지자고 할까 봐 걱정하기도 합니다. 그래서 아내를 자극하지 않고 잘 대해주며 지냅니다.

그러나 그런 지속은 건강한 관계 회복은 되지 않습니다. 남편의 의심도 끊이지 않고 지속하게 되어 심각한 문제가 계속됩니다. 따라서 외도한 아내를 무조건 믿어주기보다, 믿으면 안 되는 때도 있다는 것을 알아야 합니다.

남편이 아내와의 성관계 도중 욕을 퍼붓는 것은 성적 학대 행위로, 두 사람 모두에게 심각한 후유증을 남기게 됩니다. 성관계의 강한 자극이 한계에 다다르고 익숙해지면, 감정이 부정적으로 변화됩니다. 남편은 아내와 다른 사람들 모두를 부정적으로 바라보게 될 것입니다. 겉으로 보이지 않는 사생활은 모두들 쓰레기처럼 행동하며 이중적으로 살아갈 거라는 생각을 하게 됩니다.

외도 후 화합으로 가는 길은 용서와 인내가 우선이 아닙니다. 무엇보다도 외도한 배우자의 깨달음이 먼저입니다. 부부

간의 신뢰란 믿음이 가장 중요하지만, 현재 상황에서 아내의 말과 행동을 믿기에는 그 진심이 부족합니다.

신부님, 당신을 사랑합니다

"내가 정말 잘못했어요. 한 번만 살려주면 당신하고
아이들을 위해 최선을 다할게. 한 번만 믿어주세요."

남편。 아내는 성당에 정말 열심히 다녔습니다. 신부님 말
씀을 신의 말로 듣는 그런 사람입니다. 아내는 가정보다 성
당을 우선시했고, 저희 부부는 종교 문제로 다툼이 끊이질
않았습니다.

어느 날 아내 핸드폰을 우연히 보게 되었는데, 그 신부인
지 뭔지와 여보 당신 하며 매일 수시로 문자를 주고받는 것

을 알게 되었습니다. 몇 개월 전부터 아내가 뜬금없이 이혼하자고 했을 때부터 이상하다고 느꼈지만, 설마 신부와 바람 피울 줄은 꿈에도 몰랐습니다.

아내는 외도를 들키고 나서 모든 내용을 지웠고, 이혼하자고만 했습니다. 그 신부하고는 아무 사이 아니라며 모든 걸 부인했습니다.

"당신이 잘못 본 거야! 내가 미쳤니? 말이 되기나 해?"

제가 본 건 확실하지만 아무도 이 말을 믿어주지 않을 것 같았습니다. 그리고 저는 이혼하고 싶지 않았습니다. 아이들 문제도 있고 아내만 제자리로 돌아오면 될 것 같은데, 아내는 이혼해주지 않으면 집을 나간다고만 합니다.

어떻게 해야 할지 고민하다가 우선 상담을 받으며 증거를 찾기도 했습니다. 다행히 그 추악한 신부가 관사에서 아내와 몹쓸 짓 하는 것을 확인하고 증거도 확보했습니다.

그런데 그 신부는 그 짓을 다른 신부님에게도 들켰습니다. 다음 날 아침 일찍 신부님인지 몇 명이 제 아내와 찾아와서는 현금 수천만 원을 주며 없던 일로 하면 좋겠다며 죄송하다고 했습니다.

아내도 옆에서 울면서 잘못을 인정했습니다.

"내가 정말 잘못했어요. 한 번만 살려주면 당신하고 아이들을 위해 최선을 다할게. 한 번만 믿어주세요."

어차피 저도 이혼하면 복잡한 것도 많을 것 같아 그 사람들이 내민 서류에 서명하고 합의했습니다.

그런데 정확히 한 달 뒤 아내는 다시 외출하기 시작했습니다. 어디 갔다 왔냐 물으니 눈도 마주치지 않고 싸늘하게 말했습니다.

"이젠 그만 이혼하자. 나 너 정말 싫어."

어이없어하는 저에게 아내는 일주일 안에 합의하지 않으면 그냥 집을 나가겠다고 했습니다. 아이들은 제가 키우라고요.

황당했지만 제가 속았다는 생각이 들어 신부를 찾아가서 성당을 죄다 뒤집어 놓으려고, 서류를 찾아 떨리는 손으로 그제야 읽어보았습니다. 합의한 내용을 지키지 않을 시 3배로 보상해야 한다는 내용이 적혀 있었습니다. 우리 부부가 헤어지든 말든 자기들 책임이 전혀 없으니 묻지도 못한다는 내용이었습니다. 그때 상담소에 전화라도 해야 했다는 후회가 밀려왔지만, 너무 늦어버린 것 같습니다.

철저히 속았다는 생각에 치가 떨립니다. 성직자의 탈을 쓴 사람이 제 아내와 더러운 짓을 하고도 뻔뻔하게 아직도 그 행세를 하는 모습을 두고 봐야 한다는 것이 억울하고 가소롭습니다. 억울하지만 이젠 이혼하는 게 맞는 것 같습니다.

아내를 가정으로 돌아오게 하는 것보다, 삶의 의미를 잃어버린 저는 이제 어떻게 해야 할지 혼란스럽습니다.

● 댓글

- 공개하세요! 마땅히 응징받아야 순리지.

- 신부도 사람이구나.

- 아랫도리 함부로 놀린 놈, 스스로 물러나야지!

- 무섭다. 결국 외도하고 나서 이혼하려고 쇼한 거였네요. 어휴.

- 아내 뺏기고 응징한 선량한 피해자가 겁먹어야 하는 세상.

상담。 어느 부부든 살면서 이혼하고 싶다는 생각이나 표현을 해보지 않은 사람은 없을 겁니다. 하지만 실제로 이혼하는 경우는 매우 드뭅니다. 배우자가 뚜렷한 이유 없이 "무의미한 결혼생활을 정리하자"고 하거나 어차피 "애들 크면 이혼할 거잖아" 하는 등 이런저런 이유로 이혼하자고 한다면, 다른 상대가 생긴 건 아닌지 의심해봐야 합니다. 십중팔구는 외도라 생각하면 됩니다.

어떤 직장인인 50대 남성의 경우 '이젠 혼자 살아보고 싶다는' 아내의 강력한 이혼 요구를 수락했다고 합니다. 그리고 3개월 후 아내가 다른 남자와 살림을 차린 사실을 알게 되었습니다. 그제야 결혼생활 중 아내의 이상행동들이 하나씩 꿰맞춰져 속았다는 생각에 분하고 억울해 가만두고 싶지 않다며 방법을 찾았습니다. 하지만 이혼할 당시 아내가 외도했는지 의심하지 않아서 증거도 없었고 아무것도 할 수 없었습

3장·사라진 아내들

149

니다.

결혼을 했음에도 이렇게 외롭게 살 바엔 차라리 혼자 사
는 게 낫겠다는 생각, 많이들 합니다. 한 사람이 가족의 생계
를 짊어진 외벌이 부부나 맞벌이 부부 등 결혼생활의 모습은
모두 다르지만, 생활에 지쳐있다는 것은 공통적입니다. 이런
문제가 생기기 전에 원인을 찾아 해결하는 사람도 많지 않습
니다.

사례자의 경우 중요한 타이밍을 놓쳐 매우 아쉬움이 남습
니다. 바람피운 아내도 그렇지만 내연남이 저지른 잘못은 공
개되었어야 합니다. 상간남과 합의한 문서를 가지고 변호사
상담을 받아보기를 바랍니다. 아내와는 어떤 대화도 하지 말
아야 합니다. 의미 없습니다. 억울하고 분한 생각이 지속되
어 일상생활에 지장이 있다면 몇 차례 치유가 필요할 것입니
다. 힘내세요.

같이 살아주는 것만으로도 감사해야죠

"어차피 자기야는 쓰지도 않잖아~. 걔랑 썸 탈 때 잘
가르쳐달라고 준 거고, 버릴 거였는데 새것 사다주는 거보단
낫잖아, 그치?"

남편。 어떡하지요? 변호사를 먼저 찾아가야 하는 건지 도무지 모르겠습니다. 아내가 바람이 났는데, 상대는 젊은 골프 프로입니다.

저는 일만 하고 살았고 취미도 없습니다. 쉬는 날은 집에서 잠을 자거나 아무것도 하지 않고 집에만 있는 걸 제일 좋

151

아합니다. 아내는 아이들 학부모, 학원, 학교 선생님들 포함 주변 사람들과 거의 매일 통화하고 만나며 관계를 중요하게 생각합니다. 그래야 정보도 빠르다고, 아이들 미래를 위한 거라고 했습니다.

제가 군대에 있을 때 상사 소개로 아내를 처음 만났습니다. 세련된 외모와 톡톡 튀는 성격이 마음에 들었습니다. 아내와 3년간 사귀었고 제대한 후 2년 정도 헤어진 적이 있습니다. 누가 먼저 헤어지자고 한 건 아니고 자연스럽게 헤어졌다가, 제대 후 레지던트 과정을 밟으며 바쁘게 지낼 무렵 갑자기 아내에게 연락이 와서 반가운 마음에 다시 만나게 되었습니다. 그때부터 아내는 제 인생에 없어서는 안 될 사람이 되었습니다.

결혼 전 아이 먼저 임신하게 되어 결혼식은 급하게 치렀고, 집안에서는 아내를 탐탁지 않아 하셨지만 아내가 워낙 싹싹해서 부모님도 그런대로 인정하셨습니다.

함께 개인사업을 하며 아내는 직원 채용이나 운영 등을 도맡아, 제가 일에만 전념할 수 있게 도와주었습니다. 가끔 직원들의 불만도 있었지만 큰 문제는 되지 않았고, 저희는 빠르게 경제적 안정을 찾을 수 있었습니다.

아내는 원래 화려하게 꾸미길 좋아했는데, 많은 사람을 만나면서 더 치장에 신경을 썼습니다. 그러다 골프를 배운다며 연습장에 다닌다기에 그런 줄 알았습니다. 외출이 잦아지고 밤을 넘겨 새벽에 들어오는 일이 많아져서, 뒤를 밟아보니 젊은 남자와 놀아나고 있었습니다. 상대의 잘생긴 외모에 기가 죽었지만 어찌 됐든 불륜이고, 제가 벌어다 주는 돈으로 치장하고 그 남자를 만나고 다니는 걸 두고 볼 수는 없었습니다.

그날 밤 아내에게 제가 확인한 것을 이야기했습니다. 처음에는 어떻게 알았는지 조심스럽게 물어보더니, 결국 인정하고 잘못을 빌었습니다. 그날부터 아내는 저에게 지극정성을 다했습니다. 애교도 더 많아졌고요. 저는 이런 아내와 헤어질 마음은 없습니다.

그런데 며칠 뒤부터 밝혀진 일들은 도저히 용납되지 않습니다. 아내가 제 신발과 옷, 가방 등을 그놈에게 가져다줬던 겁니다. 제가 그 남자와 통화도 했고 당황한 그 남자가 모두 실토한 내용입니다. 아내는 애교 섞인 말투로 말했습니다.

"어차피 자기야는 쓰지도 않잖아~. 걔랑 썸 탈 때 잘 가르쳐달라고 준 거고, 버릴 거였는데 새것 사다주는 거보단 낫잖아, 그치?"

안 살 것도 아니고, 이미 용서해주기로 했고, 아내는 저에게 최선을 다합니다. 그런데 제 마음 한쪽이 무너진 건지 모

르겠습니다. 이렇게 용서해주는 건 너무 허무합니다. 제가
아내를 왜 이렇게 믿지 못하는지 모르겠습니다.

저는 가족을 위해 주일 밤낮도 없이 늦게까지 일하며 남들
다하는 취미생활도 하지 않고, 친구 만나 쓸데없이 술 마시
고 다니지도 않았습니다. 그렇게 가족을 위해 돈 버는 데만
전념하고 살았습니다. 그런 제가 잘못한 게 뭔가요?
용서해주기로 해서 이젠 외도 얘기를 꺼낼 명분도 없지만,
분노인지 확인하고 싶은 건지 마음 한켠에 찝찝함이 사라지
지 않습니다.

아내。 상담하며 나눈 이야기들을 남편에게 전하지 않는다
고 하시니 편하게 하겠습니다. 남편과의 결혼은 제 작품입니
다. 어차피 결혼은 현실이니까요.
남편이 착한 건 맞습니다. 답답할 만큼 일밖에 모르는 사
람입니다. 결혼 초에 남편을 좀 더 세련되게 바꿔놓고 수준
에 맞는 취미생활을 하려고 했지만 절대 안 되더라고요. 비
싼 옷을 입혀도 태도 안 나고, 퇴근 후나 휴일이면 집에서 잠
만 잡니다. 근육이라고는 하나 없는 아줌마같이 물컹한 남편
을 보면서 제 노력이 아무 소용 없다는 것을 깨달았습니다.
그때부터는 편하게 살도록 그냥 두었습니다. 남편은 이렇게
말합니다.

"난 어디든 머리만 땅에 대는 순간 잠들어. 그건 장점이잖아. 평생 불면증은 없어."

일로 받는 정신적 스트레스를 잠으로 풀고, 그렇게 자면 피로가 풀린다니 편한 대로 그냥 두어야 일에 지장이 없잖아요. 그래야 돈을 벌어올 테니까요. "그래그래, 그렇게 해" 하며 편하게 두었습니다.

맞지 않는 사람과 살다 보니 항상 외롭잖아요. 주변 사람들도 남편과 어울리지도 않는데 어떻게 결혼한 건지 궁금해하는 사람도 많습니다.

그런데 골프를 배우다 연하에 매너 좋은 남자가 제가 좋다며 전화로 고백했습니다. 한두 번 통화하며 고민도 털어놓길래 조언해주다 보니 사귀게 됐습니다. 이 일로 이혼할 생각은 없습니다. 잘못한 건 맞지만 지금은 다 정리했고, 그냥 불장난인 거죠.

남편과의 관계 개선은 솔직히 관심도 없고 될 수도 없습니다. 솔직히 마음이 열리지 않습니다. 그렇다고 이혼할 생각도 없고, 남편 요구로 상담받으러 온 것입니다. 그냥 제 남편만 잘 달래주시고 안심해도 된다고 말씀해주시면 됩니다.

● 댓글

- 꽃뱀은 꿀이나 빨고 살아야지.

- 기둥서방 키우는 것도 능력.

- 아내를 두들겨 팰 수는 없으니 이혼해야지요.

- 불조심이 아닌 아내 조심을....... 의처증이라도 걸리면 누가 책임지려고.

- 인간이 인간다운 생각을 하고 살아야지 다 틀어쥐고 은혜도 모르는 여자.

- 불륜녀가 무슨 진실이야. 뭐 하나 진실한 게 없는 사람이야.

상담。 인생에 굴곡 없는 사람이 없습니다. 하지만 경제적으로 어렵다고, 남편 수입이 없거나 기대치에 미치지 못한다고 외도를 하지는 않습니다. 우리 상담소에서 이혼보다 치유와 화합을 도모하는 것은 여러 조건보다 사랑으로 이루어진 첫 결혼이기 때문입니다. 첫 결혼은 지켜야 할 많은 의미와 이유가 있습니다. 그런데 경제적 능력을 보고 결혼했으니 사랑은 다른 사람과 해도 될까요? 반대로 남편이 누군가와 부적절한 관계를 맺어도 상관없을까요? 누구보다 더 분노할 것으로 보입니다.

아내가 이렇게 외도를 정당화하는 데는 남편 책임도 적지 않습니다. 생각만 많고 아내가 떠날까 봐 아무것도 하지 못합니다. 남편은 이혼하고 싶지 않다는 마음 때문에 외도한 아내가 반성하며 잘하고 있다고 믿는다면 지금처럼 살면 됩니다. 하지만 답답한 마음을 누구에게도 내색하지 못하고 이곳저곳 상담을 찾는 것은 상처들이 남아 있다는 것입니다.

시간이 지나도 마음속 분노와 의심이 사라지지 않고 괴롭힌다면 그때는 변화를 시도하길 바랍니다. 현재 아내는 잘못을 깨닫지도 못하고 필요성을 느끼지도 못하며 나르시시즘에 빠져있습니다. 자기가 바라는 대로 남편을 조종할 수 있다는 자신감도 충만합니다. 남편은 생각만 하고 행동하지 않아서입니다.

부부 관계는 종속관계가 아닙니다. 사랑과 신뢰가 바탕이 되어야 합니다. 아내는 다른 남자와 바람피우고 남편에게 더 잘해주면서 은밀하게 외도를 이어가고 있습니다. 한 가정의 아내지만 다른 가정의 상간녀이기도 합니다. 자기 아내가 상간녀의 삶을 살며 다른 가정을 파괴하는 것을 남편은 묵인하고 있는 겁니다.

떠올릴수록 아프고 고통스러운 일이지만, 외도를 겪고 있는 사람들은 이런 고통을 극복하기 위해 당당히 맞섭니다. 대체 그 이유가 뭘까요? 자신이 사랑하는 배우자인 것을 깨달았기 때문입니다. 이혼할지언정 자기 배우자가 다른 가정에 고통을 주는 상간자가 되어서는 안 되기 때문입니다.

4장

부부 사이,
어긋남에서 회복까지

배우자 외도로 고통받는 사람은 갑자기 팔다리가 떨어져 나간 것처럼 무엇도 할 수 없는 상태가 된다. 차라리 뇌가 멈췄다면 생각과 상상도 하지 않을 것을, 겨우 숨만 쉬며 기약 없는 괴로움의 고통을 혼자 견뎌야 한다.

외도에 직면하면

어떤 사람이든 외도 후 문제해결을 위해 고민합니다. 외도가 몰고 온 가정의 위기를 극복하기 위해서는 시간과 노력이 필요하며, 일반적으로 아래 절차를 거쳐 문제를 해결해갑니다.

① 외도가 끝났음을 배우자가 받아들입니다. 외도종결
② 상간자 정보를 정리하며 소송을 고려하기도 합니다.
③ 극도의 스트레스로 인한 상처와 분노를 치유합니다.
④ 부부의 신뢰를 회복합니다.

위 과정을 구체적으로 살펴보지요.
첫 단계인 외도종결은 외도가 정리되었다고 배우자가 인

정하는 것입니다. 가령 외도자가 관계를 정리했어도 배우자가 이를 믿지 못한다면, 이는 외도종결이 아닙니다.

다음은 상간자 정보와 정리입니다. 배우자는 상간자에 대한 질투, 패배감 등을 느낍니다. 이성적 해결보다 강한 복수심을 해소하기 위해 소송을 고려합니다. 하지만 소송으로 마음이 치유되거나 편안함을 찾을 수는 없습니다. 소송한다고 외도를 용서하게 되고 믿으며 살 수 있는 것이 아닙니다.

소송을 통해 외도자 스스로 부적절한 행동이 가정파탄으로 몰고 갔음을 뉘우치길 바라기도 합니다. 하지만 실제 소송에서 문제해결보다 서로 상처받는 경우가 많으므로 신중해야 합니다. 상간자 소송은 외도를 알게 된 날부터 3년의 유예기간이 있기에 서두르지 않아도 됩니다. 일시적 감정에 치우쳐 섣불리 소송하는 것은 바람직하지 않습니다.

그렇게 외도문제부터 해결한 뒤, 두 사람 모두 심리 회복을 위해 상처와 분노를 치유해야 합니다. 부정 감정에 휩싸이면 원활한 일상을 유지하기 힘듭니다. 오로지 외도자와 상간자에게 신경을 쏟아붓느라 아무것도 할 수 없게 됩니다. 자신의 심리적 불안정을 알아차려야 합니다.

"내가 왜 이러지? 이러면 나만 너무 힘들어질 뿐인데."

간혹 자신은 괜찮으니 외도자만 바뀌고 깨달으면 모든 문제가 해결된다고 생각하는 사람도 있습니다. 외도를 저지른 사람은 분명 문제가 있습니다. 하지만 외도자와 상관없이 이 문제로 훼손된 자신의 심리를 치유하지 않으면 심각한 심리 장애, 정신장애로 발전할 수 있습니다. 그 후 무너진 신뢰와 앞으로 지속될 의심을 없애야 합니다. 신뢰 회복은 혼자가 아닌 부부가 함께 노력해야 하며, 무너진 배우자의 마음을 외도자가 알아야 하고 치유를 도와야 합니다. 외도를 겪은 배우자에게 의심은 피할 수 없으며, 이런 의심과 고통으로 차라리 이혼하는 게 낫겠다고 생각합니다.

외도 후 시작되는 의심은 끝없는 확인을 요구하면서 두 사람 모두에게 심각한 스트레스를 줍니다. 사죄는 했지만 외도자가 진정으로 반성하며 뉘우쳤는지 알 수 없으니 확인을 반복해 의심을 없애려고 합니다. 혹은 이혼을 결정한 때도 의심은 지속됩니다.

"어쩔 수 없는 사람이야. 뉘우침이 없어! 분명 계속 바람 피울 거야."

이혼하기로 마음먹어도 외도가 지속되는지 계속 확인하면서 의심은 불신이 됩니다. 이 경우는 대체로 반복된 외도를 확인한 경우입니다.

외도로 인한 이혼은 억울하고 분한 마음으로 극단적 감정을 키우게 됩니다. 매일 분노하면 의심하고 퍼부어도 배우자

가 바라는 것은 외도자의 반성과 깨달음이며 가정을 지키고
싶은 마음입니다. 그렇기에 외도자가 진심으로 뉘우치고 배
우자의 심리가 안정되길 바란다면 일정 기간 가는 곳, 귀가
시간, 핸드폰 오픈, 영상통화 등으로 배우자에게 알려야 합
니다. 상간자와 언제 어떻게 관계를 모두 정리했는지도 상세
히 밝혀야 합니다. 부부지간이라도 사생활 존중을 주장하며
휴대전화 비밀번호를 알려주지 않는 등의 행위는 어불성설
입니다. 부부가 되기로 마음먹은 순간 사생활은 부부 생활이
된다는 것을 알아야 합니다.

그런 뒤에도 일정 기간 배우자의 분노를 이해해야 합니다.
"누구 좋으라고 이혼해? 이혼은 절대 못 해!"
화가 난 배우자의 이런 말을 용서의 뜻으로 받아들이거나,
이혼은 당하지 않을 것으로 생각하면 안 됩니다.
배우자의 분노는 무엇을 의미할까요? 외도 충격으로 하루
에도 몇 번씩 이혼과 용서의 갈림길에서 고통받고 있다는 것
입니다. '용서해주기로 했는데 왜 아직도 화를 내고 자꾸 바
뀌는 거야?' 하는 생각이나 말은 하지 말아야 합니다.
외도 문제가 발생하면 서로 치유해야 할 많은 것들이 있지
만, 기본적인 이해의 과정 없이는 치유와 화합이 사실상 불
가능합니다.

✦ 사죄와 자백

외도를 알게 되면 그때부터 배우자의 분노와 심문이 본격적으로 시작됩니다. 모두 들통난 외도자는 처음에는 잘못했다고 하고, 묻는 말에 기억나는 대로 대답해주기도 합니다. 그렇지만 어디까지 실토해야 할지 가늠하느라 하얘진 머리를 풀가동합니다. 아무리 생각해도 말하면 안 될 내용은 이리저리 피하거나 아예 말하지 않기도 합니다. 그러나 몹시 예민해진 배우자는 하나도 놓치지 않고 모두 꿰맞춰질 때까지 추궁을 멈추지 않습니다. 그러니 처음 외도가 발각된 후에는 반드시 잘못을 인정하며 모두 말해주는 것이 좋습니다.

진심 어린 사죄도 해야 합니다. 그런 후에 외도사실을 기억나는 대로 모두 실토해야 합니다.

"지금은 이게 전부 사실이지만 어쩌면 지금 기억나지 않는 것이 있을지도 몰라."

다음 날 그리고 또 다음 날, 새로운 사실이 밝혀져도 '그땐 미처 기억하지 못한 것'입니다.

그런데 이렇게 잘못을 빌고 자백한 것을 사죄로 생각하는 사람이 있습니다.

"내가 이미 다 말했잖아! 용서한 거 아니었어?"

하지만 사죄와 자백은 다르며, 사죄는 딱 한 번으로 끝나는 것이 아니라 몇 차례 반복해야 할 수 있습니다. 따라서 진지하고 진심 어린 태도로 잘못된 사실을 인정하며 용서를 구해야 합니다.

사죄 후에는 자백해야 합니다. 처음부터 사실을 감추거나 숨기면 결국에 앞뒤가 맞지 않아 배우자의 분노만 키울 수 있습니다. 또한 상간자로 인해 모두 밝혀지거나 왜곡되면 더욱 난처해질 수 있으므로 있었던 사실을 기억나는 대로 모두 실토해야 합니다.

예1
"정말 미안하고 잘못했어. 그땐 제정신이 아니었던 것 같아. 당신이 모두 알게 되어 힘들겠지만, 그 때문에 정신이 번쩍 든 것 같아. 꿈에서 깬 것처럼."

예2
"당신이 이렇게 아파하고 힘들어할 줄은 정말 몰랐어. 알게 되면 바로 이혼할 것 같아서, 내용이 너무 적나라해서 당신이 모르는 게 낫겠다고 생각했어. 정말 미안해."

잘못된 문제가 생겼을 때 사과와 사죄는 잘못을 인정하는 출발입니다. 가까운 가족에게도 사과나 사죄는 당연합니다.

그러나 친밀한 관계에서 사과나 사죄보다 얼렁뚱땅 넘어가는 사람들이 많습니다. 이들 대부분은 잘못을 몰라서가 아니라 어색하기 때문입니다.

하지 않는다면 배우자의 치유를 더디게 할 수 있습니다. 하기 전에는 민망하고 불편해도 하고 나면 서로의 마음이 한결 가벼워집니다. 따라서 어떻게 사죄해야 하는지 모른다면 예시를 활용하시길 바랍니다.

✦ 서 로 다 른 처 지

외도를 하고도 자기 잘못을 모르는 사람도 있고, 관계를 개선하려 노력하지 않는 사람도 있습니다. 외도자가 외도를 들킨 후 잘못을 인정하고 사죄했다면 가정을 지키려는 의지로 봐야 합니다. 하지만 일단 수습하기 위해 말로만 잘못했다고 할 때도 있습니다. 이런 경우 때문에 곧바로 용서하거나 무조건 화를 내며 추궁하기보다는 추후 행동을 지켜봐야 합니다.

외도자를 용서해도 배우자의 분노는 사라지지 않습니다. 그때부터 온갖 추리와 상상이 시작됩니다.

"혹시 그 사람상간자에게 연락이 오지 않았어?"

배우자 외도를 겪은 사람은 조심스럽게 상간자에 관한 질문을 합니다.

"왜 또 그래? 아직도 의심하는 거야? 이제 다 끝났다고 했잖아!"

외도자는 짜증스러운 말투로 대답합니다.

외도자가 잘못을 인정하고 배우자가 그 외도를 용서해도, 배우자의 표정은 하루아침에 밝아질 수 없습니다. 근심과 슬픔이 배어 나오고, 사소한 일에도 짜증을 내는 일이 잦습니다.

"용서하기로 했지만, 난 하루 종일 억울하고 분한 생각이 들어. 자기는 즐겁게 다 해보고 용서받았지만, 난 아직도 너무 힘들어. 대체 왜 그랬는지 도무지 이해가 안 돼!"

이런 말은 이혼하기 위해 외도자를 몰아붙이는 게 아닙니다. 외도자를 용서하고 가정을 지키기 위해 어떻게든 이해하려는 몸부림입니다. 다시는 반복하지 않겠다는 다짐받고 그것을 확인하기 위해 끝없이 하는 질문하지만, 그래도 올라오는 감정을 주체하지 못하고 원망하는 것입니다.

그래서 외도자는 잘못을 뉘우치고 배우자가 받은 충격과 상처를 치유해주기 위해 자신이 할 수 있는 최선의 노력을 해야 합니다. 그러나 반복되는 질문과 원망에 점점 지쳐 충동적으로 극심한 스트레스를 표현하고 싶어질 수 있습니다. 그러나 정말 잘못했다고 깨우친 상황이라면 어떤 스트레스도 끝없는 질문과 질타도 견디게 됩니다.

이제라도 외도가 잘못되었다는 것을 안 외도자라면, 배우자의 심리 상태가 정상적이기 힘들다는 것 또한 알아야 합니다.

"정말 해도 해도 너무한다. 이럴 거면 차라리 이혼하자. 언제까지 날 원망할 거야? 도저히 못 견디겠어? 끝도 없이 그럴 거면 이혼하는 게 맞아!"

이런 태도가 외도를 진심으로 뉘우치고 정신적으로 혼미해진 배우자를 안정시키기 위한 모습인지 돌아봐야 합니다.

✴ 대화 중단

외도 상황에 따라 대화가 도움이 되지 않는 경우도 있습니다. 상대의 외도를 알게 된 배우자는 아무리 생각해도 이혼할 수 없다는 결론을 내립니다. 이혼할 수 없는 이유는 대부분 아래와 같습니다.

첫째, 경제적 문제.

둘째, 상간자에 대한 질투와 분노 패배감 억울한 감정.

셋째, 자녀의 미래와 상처 혹은 자녀가 겪을 힘든 미래와 상처.

넷째, 막연한 두려움.

이런 이유로 외도자를 용서하기로 합니다. 그리고 정말 외도 관계를 정리했는지 확인합니다.

"그 여자남자를 다시 만나는 거 아니야? 아니면 아직도 마음에 담아두고 있는 거 아니야?"

이렇게 수시로 상대 마음을 떠봅니다. 대화할 수 없으면 문자라도 보냅니다. 이는 대화가 아닌 확인을 위한 추궁이며, 잘못을 했으니 모두 대답해줘야 한다는 생각에서 비롯한 행동입니다.

하지만 외도자 입장은 다릅니다. 배우자가 용서해주기로 했으니 앞으로 노력할 거라 믿습니다. 그런데 배우자의 질문과 추궁은 멈추지 않고 어떤 대답과 행동을 하든 배우자는 믿지 못합니다.

"어제 왜 전화 안 받았어? 내가 걱정하는 거 알잖아! 지금은 모두 알려주고 보여줘도 힘들다는 것 알잖아!"

"회의 중이어서 못 받았다고 했잖아. 언제까지 그럴 건데? 일도 하지 말까? 나도 숨 좀 쉬자!"

"정말이야? 그럼 좋게 설명해주면 되잖아! 아픈 사람은 난데, 화를 낼 것까진 없잖아!"

이런 반복에 서로 지치게 됩니다. 배우자는 실망과 분노를, 외도자는 스트레스를 받게 됩니다. 결국 대화는 감정 다

툼으로 끝나고 맙니다. 배우자는 외도자가 아직도 상간자를
마음에 두고 있다고 간주합니다.

'아무리 힘들어도 참고 견디려 했는데, 용서하려 했는데,
내 상처를 하나도 몰라주는구나.'

이처럼 매일 다툼이 반복되면 누구의 마음도 편하지 않습
니다. 서로의 상황을 이해하지 못하니 상처만 주고받습니다.

외도 상황에서는 소통되지 않는 것이 너무도 당연한 일입
니다. 힘들고 답답하더라도 이럴 땐 잠시 대화를 중단하는
게 낫습니다.

외도가 반복된다면

외도를 멈추지 않고 반복한다면, 그 대표적인 원인은 부부 관계가 회복되지 못했기 때문입니다. 외도가 정리되면 각자 심리를 분석하여 문제를 스스로 알 수 있어야 합니다. 이 과 정에서 자신과 상대의 심리적 차이를 알고 이해해야 합니다.

바람피운 남편이 말합니다.

"별것 아니야. 정리하면 돼."

하지만 아내는 오히려 실망합니다.

"이게 어떻게 별것이 아니야?"

남편이 별것 아니라고 하는 것은 가정을 깰 마음이 없다는 뜻입니다. 그러나 아내는 다른 사람과 연애하고 성관계한 일 들이 별것 아니라는 남편을 도저히 이해하지 못합니다.

사실 남편이 외도한 이유는 대부분 뚜렷하지 않습니다. 아내가 끝없이 추궁하면 마지못해 몇 가지 이유를 댑니다.

"당신이 나를 무시해서……."

"성관계를 거부해서……"

"취미생활을 같이 하지 않아서……."

아내 신체를 비하하기도 합니다.

"가슴이 처져서……."

"살이 쪄서……."

"애를 둘이나 낳아서 그런지 옛날 같지 않아서……."

"튼살을 보면 성욕이 싹 사라져서……."

"남들은 운동해서 몸매 유지 하던데……."

그렇기에 관계를 개선하기 위해 외도 원인을 알아내겠다고 섣부르게 질문이나 행동을 하지 말아야 합니다. 외도한 이유를 자신도 모르기 때문에 알아낼 수 없습니다. 이런 질문은 자신을 찌르는 답으로만 돌아옵니다.

외도 문제가 종결된 후에는 외도 전 부부 문제를 분석해야 합니다. 이런 과정에서 치유와 화합으로 자연스러운 일상 회복과 어색한 성관계를 개선합니다.

이러한 일련의 과정이 없다면 외도의 반복은 예견된 것과 같습니다. 두 사람 모두 서로 상처를 주고받으며, 잠시간의 변화로 할 수 있는 건 다 해봤다고 말합니다.

외도를 용서한 배우자는 아직도 힘든 자기 마음을 외도자가 당연히 알아줄 것으로 생각합니다. 하지만 외도자 생각은 다릅니다. "용서했잖아? 그럼 지난 일은 다 잊어야지!"라며 외도를 언급하지 않아야 하는 것으로 생각하고 의심받는 것을 견디지 못합니다.

배우자는 외도 문제로 황폐해진 마음의 상처를 받았습니다. 그렇기에 외도자의 진심과 노력을 알지 못하고 끝없이 의심합니다. 불안하고 두려운 마음에 멈추지 않는 의심과 감시는 슬프게도 외도자를 내몰아 외도를 반복하게 하는 원인 중 하나가 되기도 합니다.

외도자는 자기 잘못을 압니다. 그러나 배우자의 분노가 장기화하거나 너무 심하다면 평생 눈치 보며 죄인처럼 살 것이 두렵습니다. 그러나 분노는 터져 나오는 울분으로 스스로 통제할 수 없는 것입니다. 이런 고통은 누구보다 배우자 자신이 가장 멈추고 싶어 합니다. 용서하기로 했다고 하루아침에 분노가 통제되는 것이 아니므로, 외도자는 일정 기간을 견뎌야 합니다.

이처럼 외도 문제는 자기 생각이나 뜻처럼 되지 않고 서로의 입장과 처지가 달라 극복은 쉽지 않습니다. 사실 외도자는 한동안 재미있고 즐거운 외도를 즐기며 그것을 삶의 원동력으로 삼았습니다. 그러다 배우자에게 들킨 후 즐겁고 활기찬 생활에서 갑자기 불안하고 초조한 상황으로 바뀌었습니다. 잘못을 인정하고 용서받으며 잘하겠다고 다짐하지만, 추궁하는 배우자가 있는 집에 들어가는 것이 지옥으로 들어가는 것처럼 느껴지게 됩니다. 그렇다 보니 집에 들어가는 것과 배우자와 마주하는 것 자체가 스트레스로 다가옵니다. 한동안 외도하며 시간 가는 줄 모르고 즐겁게 지내고 있었으니, 작은 스트레스도 크게 느끼는 것입니다.

배우자는 외도자의 이런 행동을 용납할 수 없습니다. 하지만 이런 상황이 반복될수록 외도자는 즐거웠던 상간자와의 시간을 떠올리며 그것이 사랑이었다고 착각합니다. 이런 착각을 자각하는 외도자는 매우 드물고, 상간자를 다시 만나거나 연락하게 됩니다.

이처럼 외도가 반복되고 또다시 배우자에게 들키게 되면, 이때부터는 대놓고 상간자를 만나기 시작합니다. 이때부터 외도자는 더 이상 용서를 구하지도 않고 배우자가 분노하든 이혼하겠다고 하든 관심 두지 않게 됩니다. 이런 지경에 이르면 '정말 구제 불능 쓰레기구나!' 하며 대부분 이혼하거나 포기하고 살게 됩니다.

배우자 외도로 분노하지 않는 사람은 없습니다. 용서하고 함께 살기로 했기에 더 참으려 노력하고 외도 얘기를 하지 않으려고 합니다. 이렇게 다짐해도 각오한 것처럼 되지 않고 의심이 시작되어 감당하지 못하게 됩니다.

어떤 사람은 이참에 외도자를 휘어잡으려고 더 분노합니다. 폭언으로 시작한 분노는 폭행으로까지 이어집니다. 강도가 세질수록 자신도 무너지는 것을 모르고, 이렇게 된 것이 모두 외도 때문이라며, 그러니 견디라고 합니다.

배우자。 "나 원래 이런 사람 아니잖아! 네가 다 이렇게 만든 거야! 그 여자_{남자} 내 앞에 무릎 꿇리고 직장도 그만두게 해! 그런 사람이 멀쩡히 가정 지키고 직장 다니면 안 되잖아!"

외도자。 "상간자 소송도 했고, 그 여자_{남자} 집에도 모두 알렸잖아! 이제 더 할 것도 없고 나도 더 이상 숨기는 것도 없는데 뭘 더 어떻게 해?"

외도자를 향한 지속적인 질책과 추궁은 외도자가 이혼을 결심하거나 가출하는 결과를 낳기도 합니다. 또는 외도를 지속하거나 적반하장으로 일관하기도 합니다.

그런데 외도자 중엔 간혹 자존감을 잃어버려 물어보기 전에는 자기주장과 행동을 하지 못하게 된 사람도 있습니다.

외도자。"여보, 나 오늘 회사에서 거래처 다녀오라는데 어떻게 하지?"

배우자。"어디로 왜 가는데? 꼭 당신이 가야 하는 거야? 거짓말 아니지?"

이처럼 결정해야 할 사소한 모든 일을 보고하는 등 외도자는 사회생활과 인간관계에서 어떤 결정도 스스로 하지 못하게 되기도 합니다. 이런 지경이 되면 부부 관계는 사라지고 종속관계가 되어 두 사람 모두 불행한 삶을 살아가게 됩니다.

외도 충격과 상처는 참거나 폭발하는 것으로 해결되지 않습니다. 시간이 흐른다고 잊힐 문제가 아니며, 스스로 마음의 지옥에 가두는 행위입니다. 결국 외도 문제를 참는 것은 폭발하는 습관으로 이어지고, 잦은 폭발은 불행한 미래를 불러옵니다. 가정을 지키고 외도자를 용서하기 위한 행동이지만, 결과는 불행한 관계와 외도 반복이 되기도 합니다.

따라서 더 이상 외도를 반복하지 않게 하려면 상대의 잘못을 폭언 폭력과 설득으로 일깨우려 하기보다, 심리적인 문제가 생겼다는 것을 먼저 아는 것이 먼저입니다. 그런 뒤에 서로 노력해야 합니다. 외도 상황에서는 배우자와 외도자 모두 편할 수 없기에 자신만 불행하다고 생각하지 말기를 바랍니다. 늪에 빠진 사람은 허우적댈수록 더 깊이 빠져들게 됩니다. 자신 앞의 몇 가닥 나뭇가지 중에 어느 것을 잡아야 자신이 살 수 있는지 모릅니다. 그러니 자책과 책망보다 살아야겠다는 생각을 먼저 해야 합니다.

외도한 아내의 특징

예전엔 모임, 동창회, 직장 등 아는 사람과 외도를 했다면, 요즘은 앱을 통한 만남이 많아졌습니다. 외도한 아내는 외도 원인이 상간자와 자신이 아닌 남편에게 있다고 합니다. 부끄러움을 모르는 사람은 그 행위를 다른 사람의 탓으로 돌립니다.

아내。 그래, 다른 사람 생긴 거 맞아, 하지만 이미 오래전에 우리 관계는 끝났어. 예전에 내가 같이 지내자고, 나 좀 봐달라고, 당신 변한 거 아냐고 했던 거 기억나지? 그때 당신이 그랬잖아! 지금 뭐가 중요한데 언제까지 사랑 타령할 거냐고, 나한테 생각이 없다고 했잖아. 그때 다 끝난 거야. 그러니 내가 다른 사람 만난 건 그 사람을 사랑해서가 아니라 당신이 싫기 때문이야.

외도한 아내는 다른 남성과의 만남과 관심, 성관계를 합리화하며 삶의 에너지로 활용합니다. 시작은 두렵지만 차츰 대담해집니다. 이런 행위는 자신의 일상에 가장 중요한 일이 됩니다. 외도하는 아내에게 남편과 자녀는 보이지 않습니다. 아내의 우선순위는 자녀와 남편에서 상간남으로 바뀝니다.

외도를 들킨 후 이혼을 요구하는 경우도 있지만, 이혼할 생각이 없다는 아내도 있습니다. 이혼하고 싶지 않은 이유는 경제적 문제와 자녀 양육, 사람들의 시선과 두려움입니다. 이런 경우 남편에게 이혼 의사가 없다는 것을 확인하면 잘못을 시인하고 눈치 보며 가정에 충실한 모습을 보이기도 합니다. 하지만 남편의 충격과 고통을 알지는 못합니다. 미안함은 있지만 뉘우침과 깨달음은 없습니다.

외도한 아내가 성관계를 목적으로 만난 경우, 일회성이거나 마음에 들면 계속 만나지만 사귀는 것은 아닙니다. 이런 여성은 심각한 심리적 충격을 받았던 사건이 있을 것입니다. 성관계가 목적이 아닌 경우 경제적 도움 등의 목적과 사랑해서 만나는 관계입니다.

일회성으로 만나 성관계를 하고 연애 감정을 느껴 사귀는 경우도 적지는 않습니다. 이렇게 가정과 외도를 병행합니다.

이는 가정생활 또는 남편에 대한 불만과 과거 상처를 혼자만의 은밀한 외도로 해결합니다. 그리고 분위기에 휩쓸려 되살아난 순간의 감정으로 외도를 시작한 아내도 있습니다. 이들에게 외도한 이유를 물으면 자신도 잘 모르겠다고 답할 때가 많습니다. 일반적인 아내 외도는 마음에 든 상대와 정을 통한 것이지만, 목적을 가진 외도는 마음과는 상관없이 시작합니다. 같은 상대와 반복적으로 만나게 되면 사랑의 감정이 발생하기도 합니다.

✦ 외도한 아내를 바라보는 남편

아내 외도를 알고 바로 이혼하려는 남편은 소수입니다. 도저히 견딜 수 없어 바로 이혼하는 사람도 있지만, 대부분 외도 이유를 물으며 아내를 추궁합니다. 아내와 이혼하지 않으려는 남편은 가정을 지키겠다고 결심합니다. 하지만 이것은 외도한 아내에게 결혼생활 유지 결정을 맡기는 것입니다. 잘못을 저지른 사람에게 자기를 제발 버리지 말아 달라고 애원하는 것과 같습니다. 기혼자와 바람피우는 아내를 지켜보거나 잘해주는 것은 자기 아내가 상간녀가 되어 다른 가정을 파탄에 이르게 하도록 방치하는 행위입니다.

남편은 아내의 모든 언행과 상간자 문제로 고통받으면서

도 가정을 지킬 명분을 찾습니다. 그래서 아내에게 끝없이 질문하지만, 만족스러운 대답을 듣지 못합니다. 아내 외도를 겪은 남편은 아내에게 잘 대해주며 자기 과거를 반성하고 아내 눈치를 봅니다. 아내가 서운했다거나 요구했던 것을 되새기며 이해하려고 합니다.

아내 외도를 겪은 남성 열에 아홉은 이에 해당합니다. 또한 상간자를 곧바로 찾아가거나 소송하지 않습니다. 상간자의 인적을 물어보기도 하지만, 그보다 먼저 이혼과 상간자에 대한 아내 생각을 확인합니다. 상간자의 인적과 성격을 알았을 때 아내가 맞소송 당할 처지라면 소송을 망설입니다.

아내 외도를 겪은 남편은 생각과 상상을 멈출 수 없게 됩니다. 주로 성관계에 관한 상상으로, 가슴이 조이는 듯한 고통을 느낍니다.

"그래서 그 남자하고 잤어? 어디서 몇 번 했어?"

아내와 다른 남자의 성관계 장면과 상상은 의지로 멈춰지지 않는 극심한 스트레스와 온종일 지속하는 상심증후군으로 이어집니다. 생명에 위협받을 위중한 상태가 될 때도 있지만 인지하지 못합니다. 남편은 아내와 함께 있을 때는 잠시 괜찮아지지만, 떨어져 있으면 불안감을 감당하지 못합니다.

성적 행위에 관한 상상은 남편의 성욕 증가로 이상성욕이 발현되어 수시로 성관계를 요구하기도 합니다. 그렇지만 이상성욕은 지속되지는 않고, 이것이 멈추면 그때부터 아내가 더럽고 추하게 보이기 시작합니다.

아내 외도는 남편에게 패배감을 줍니다. 가정이 훼손되었고 아내를 빼앗겼다고 생각합니다. 차라리 상간남이 아내를 너무 사랑했다고 한다면 부적절한 관계라도 인정할 수는 있습니다. 하지만 상간남의 목적은 성관계 말고는 없다고 믿습니다. 상간남이 아내를, 그것도 유부녀에게 사랑의 감정을 느끼기는커녕 농락한 것이라고 합니다. 그래서 부부가 장기간 섹스리스로 지냈거나 아내 요구를 들어준 적이 없다면 그것이 외도 원인일 거라며, 한 번도 해보지 않은 반성을 스스로 합니다.

결혼 기간과 상관없이 외도한 아내를 어떻게 생각하는지 물으면 대부분 관능적이고 나이보다 젊어 보이고 매력 있다고 합니다. 그 때문인지 바람피우는 남자들 모두 성관계가 목적이니 단연코 사랑이 아님을 아내가 깨닫길 원합니다.

하지만 외도한 아내가 스스로 뉘우치고 온전히 가정으로 돌아오도록 하는 것이 우선입니다.

이런저런 이유로 상간남과 이별한 아내는 자기 연민에 빠집니다. 상간남이 가정 문제는 각자 알아서 해결하자는 식으로 이별을 통보하고 바로 차단한다면 충격과 상처를 받습니다. 부끄럽기도 하고 창피하지만 누구에게도 내색하지 못합니다. 오히려 상간남에게 받은 상처를 남편에게 쏟아냅니다.

외도한 아내의 마음 치유는 남편을 통해 진행되어야 합니다. 그래야 이래저래 상처받아 비어있는 마음을 남편으로 채워 부부가 화합할 수 있습니다.

현재 외도 중이거나 외도 직후의 아내 심리는 일반적이지 않습니다. 남편은 대부분 아내에게 잘해주면 아내가 반성할 것으로 믿습니다. 하지만 거칠게 말하자면, 미쳐있는 사람을 이해하려면 미친 여자가 왜 꽃을 꽂고 항상 밝게 웃으며 창피함도 모르는지를 알아야 합니다. 같이 꽃 꽂고 미치지 않으면 이해할 수 없습니다.

따라서 아내를 이해하거나 맞추기보다 남편의 심리 안정이 먼저입니다. 가정과 아내를 지켜낼 유일한 사람은 남편입니다. 그러나 남편은 아내 말을 듣지 않으면 가출하거나 이혼하자고 할 것을 두려워합니다. 그래서 어떤 조언보다 아내 말을 잘 듣고 따릅니다. 그러다 훗날 철저한 아내의 계략에 이혼당하고 후회하는 남편도 있지만 그래도 자기 아내가 하자는 대로 합니다.

외도의 충격을 받은 남편은 부정적으로 변하고 부정적인 말들과 정보에 귀 기울이며 예민해집니다. 하지만 아내와 이혼하고 싶지는 않습니다. 아내 마음을 돌릴 방법만 열심히 찾아서 해봅니다. 평소 아내에게 별 관심 없던 남편이었어도, 아내 외도를 알게 되면 아내를 너무 사랑한다고 말합니다.

아내 외도를 겪은 남편은 폭언과 폭행을 하기도 합니다. 아내가 명백하게 잘못했는데 때리지만 않으면 되는 것 아니냐고 하는 사람도 있지만, 폭언과 폭행은 다르지 않습니다.

폭언과 폭행으로 아내가 반성하는 것은 아닙니다. 오히려 집 밖으로 내모는 격입니다. 몸은 가둬놓을 수 있지만, 마음은 어떤 것으로도 가둘 수 없습니다. 폭언 폭행을 한 남편은 곧 사과를 합니다. 폭언 폭행은 사실 자신에게 하는 행위여서 자신이 더 아프기에 곧바로 후회하기 때문입니다. 잠시 자기 치유가 된 것처럼 속 시원함을 느끼기도 하지만, 습관이 되어버린 폭언 폭행은 사람 마음에 어떤 변화도 일으키지 못합니다. 결국 저지른 사람의 심리만 파괴되기에 하지 말아야 합니다.

외도한 남편의 특징

남자들은 바람과 외도의 정의가 명확합니다.

바람은 일시적 또는 일회성 만남이고 사회생활의 일부로 별것이 아닙니다.

외도는 장기적 만남으로 일과 관련된 목적과 연애 감정, 성관계가 목적입니다.

외도 남편에게 바람은 어쩌다 한 번의 실수 또는 있을 수 있는 일입니다. 장기적인 외도 또한 들키지만 않는다면 그럴 수도 있는 일입니다. 외도한 남편이 이혼을 바라는 경우는 지극히 드뭅니다. 상간녀가 아무리 이상적인 여성일지라도 가정을 파탄 내거나 이혼할 생각은 하지 않습니다. 간혹 상간녀를 사랑한다는 남편도 있지만, 아내에게 발각되면 바로 용서를 빕니다.

하지만 외도녀를 너무 사랑한다는 남편도 있습니다. 그래서 이혼 후 외도녀와 재혼하기도 합니다. 그러나 그들의 재혼은 아름답거나 행복하지 않습니다. 훗날 조강지처를 찾지만 너무 늦은 참회로 얼룩질 뿐, 늙고 병든 남편에게 돌아오는 건 총각무 반찬뿐입니다.

외도 남편은 외도를 들킨 후에 잘못을 인정하는 사람과 별것 아니라고 하는 사람으로 나뉩니다.

일단 잘못은 인정하지만, 오롯이 아내를 안심시키기 위한 액션으로 외도녀와 헤어질 것은 생각하지 않습니다. 다만 아내가 알게 되니 피곤해질 것을 예상하고 일단 아내부터 안심시키고 봅니다.

"○○ 엄마, 내 실수야. 정말 잘못했어."

"이게 잘못했다는 말로 해결될 문제야? 어떻게 당신이 그럴 수 있어? 대체 얼마나 좋았으면?"

이 경우 남편은 아내의 폭언과 분노를 전혀 견디지 못합니다.

자기 외도를 들키고 진심으로 잘못을 뉘우치는 남편은 많지 않습니다. 사실 남편의 속마음은 '들킨 것'이 문제입니다. 남편은 그때부터 생각이 많아집니다. 발각 후 파장을 두려워합니다. 그래서 첫째로 아내를 안심시키고, 둘째로 상간녀를 조용히 정리합니다. 남편에겐 아내를 안정시키는 것보다 상간녀를 조용히 해결하는 것이 더 난처한 문제입니다. 대부분 상간녀가 조용히 헤어질 것 같지 않다고 생각합니다. 따라서 시간을 두고 정리하기로 계획합니다.

"그래, 모두 정리할게. 미안해. 하지만 어떻게 무 자르듯이 바로 정리할 수 있겠어. 시간이 필요해."

이런 답변에 아내들의 반응은 둘로 나뉩니다.

"시간? 무슨 시간이 필요해? 내가 연락할게!"

"…… 얼마나 걸리는데?"

외도를 들켰는데 시간이 왜 필요하냐는 아내는 사실 드뭅니다. 대부분 시간이 필요하다는 외도 남편 말에 수긍하며 기다립니다.

상간녀와 헤어질 생각이 전혀 없는 남편도 일단 시간을 달라고 하고, 자신의 외도 사실이 알려질 것을 두려워합니다. 외도녀가 기혼일 경우 상간자 소송이나 상간녀 남편의 보복을 두려워합니다. 특히 사회적 지위와 명예가 있다면 두려움은 더욱 커집니다. 그래서 어떻게든 아내가 상간자 소송은 하지 않기를 원합니다. 따라서 시간을 두고 상간녀를 달래어 좋게 관계를 끊으려고 합니다.

"곧 정리할게. 좋은 게 좋은 거잖아. 좋게 좋게……."

외도를 들킨 후 만남을 잠시 자제하기도 하지만, 아내가 조금 편해진 것 같으면 더욱 조심하며 상간녀를 다시 만나

밀회를 이어갑니다. 대체로 또다시 들키지만, 남편은 또 변명을 합니다.

"어떻게 하루아침에 끝낼 수 있냐?"

이런 지경까지 온 아내 마음은 거의 미라화되어 있습니다.

그렇지만 진심으로 외도를 참회하는 남편도 있습니다. 외도를 알게 된 아내가 당연히 이혼하려 할 것으로 예상했지만, 그러지 않고 괴로워하는 모습을 보았을 때입니다. 이런 경우 드물게 남편은 이렇게 말하기도 합니다.

"아내가 분노하며 아파하는데, 갑자기 가족이 눈에 보이기 시작했습니다."

"언제 이렇게 커버렸는지, 아이가 성장했던 과정이 전혀 기억나지 않습니다. 그 생각을 하자 정신이 번쩍 들었습니다."

아내가 남편 외도를 알고 제대로 정신차리게 해줬거나 남편이 상간녀에게 협박당하고 있던 처지인 경우가 많습니다. 이렇게 정신 차린 남편은 상간녀를 정리할 시간을 달라는 등의 말은 하지 않습니다. 바로 정리하거나 아내 앞에서 이별을 통보하는 전화로 아내 마음을 조금이라도 편하게 해줍니다.

그럼에도 아내는 분노하고 남편은 그 모습을 지켜보며 죄

책감을 느끼고 안타까운 마음으로 묵묵히 견뎌냅니다. 하지만 아내 분노가 오래가면 남편은 한 번씩 화를 내거나, 상담을 권하거나, 하루하루 숨죽이며 아내 눈치를 보게 됩니다.

남편 외도를 겪은 아내는 분노가 습관이 되는 경우가 있습니다. 이들에게 행복한 미래는 없습니다. 시간이 흘러도 다른 일을 계기로 외도 상처가 되살아나서 분노하게 됩니다. 남편은 할 말을 잃고 맙니다. 조심스럽게 이혼보다 졸혼을 요구하기도 합니다.

"그래, 다 나 때문이야. 내가 죄인이다. 이만하면 죄인도 죗값 다 받은 걸 텐데, 정말 심하다, 그 소리."

✦ 외도한 남편을 바라보는 아내

아내는 믿었던 남편의 외도로 큰 충격과 상처로 괴로움을 견디지 못하게 됩니다. 그때부터 부부의 다툼이 잦아집니다. 아내가 분노하는 이유로는 배신감, 질투, 자존심과 자존감 하락, 외도 방지, 의심, 외도 반복, 뉘우침 확인, 미래에 대한 불안함 등의 이유입니다. 이 중 한 가지만으로 분노하는 아내는 없고, 모두 동시에 작용합니다.

자기 배우자만큼은 바람을 피울 사람이 아니라는 것을 믿어 의심치 않았던 아내는 배신감을 느낍니다.

질투는 상간녀의 나이, 외모, 직업 등에 따라 차이가 있지만 인식하지 못하는 때도 있습니다.

자존심은 아내의 학력, 직업, 외모와도 관련이 있습니다. 아내가 뛰어난 외모와 능력 등 자신감이 넘치는 사람이라도 배우자 외도 앞에서는 모두 무너져 버립니다. 외도자가 진심으로 뉘우치기를 바라지만, 그런다고 자존감이 살아나거나 분노가 멈추는 것은 아닙니다.

분노와 추궁은 자기 의지대로 조절되거나 사라지지 않습니다. 과거 결혼 전후의 억울하고 분했던 상처까지 모두를 쏟아냅니다.

"수백 번 했던 말이야. 이제 그만 좀 하라고!"

하지만 아내는 멈추지 않는 분노 감정을 남편이 감당할 것으로 생각합니다. 상처받은 마음을 남편이 알아주고 위로해주기를 바랍니다. 하지만 남편이 어떤 언행을 하든 복합적으로 폭발한 아내 감정을 잠재울 수 없습니다. 다만, 외도한 남편이 사회적 지위와 경제력이 매우 뛰어나고 아내가 전업주부일 때 한두 번 분노하고 멈추기도 합니다.

남편이 진심으로 반성하며 맞춰줘도 멈추지 못합니다.

"이렇게 반성하고 후회할 거면서 왜 그랬어!"

아내는 남편이 다시는 외도하지 않을 것이라는 말을 믿지 못합니다. 외도 문제에 당면한 사람들은 무엇도 믿지 못하는 고통스러운 감정에서 벗어나고 싶어 합니다. 그래서 살지 말지를 결정해야 한다고 생각합니다. 이 때문에 남편이 상간자를 마음에 품고 있는지 혹시 연락은 하는지 등을 수시로 확인합니다. 그렇지만 이미 부정 감정이 팽창한 의심은 쉽게 사라지지 않습니다.

외도는 크게 진행 중인 경우와 종결된 경우로 나뉩니다. 현재 외도가 진행 중인 경우와 외도자 모르게 배우자 혼자 어떻게 해결할지 알기 위한 경우입니다. 외도가 발각됐어도 상간자와의 관계가 지속하는 경우도 진행형 외도입니다.

종결된 외도는 다시 외도자 스스로 정리했거나 상간자의 변심 또는 협박으로 종결된 경우와 배우자에게 발각되어 종결된 경우로 나뉩니다. 어떻게 종결됐든 배우자는 외도가 어떻게 끝났는지, 상대는 누구며 어떻게 살고 있는지를 알고 싶어합니다. 외도 진행 중에 배우자에게 발각되었다면 어쩔수 없이 헤어졌으니 외도자가 아직 상간자를 마음에 품고 있을지도 모른다고 생각합니다.

이렇듯 외도 문제는 어떻게 알려졌든지 간에 분노, 추궁, 질타로 이어집니다. 아내는 외도녀에 관한 질문과 추측, 남편이 왜 그런 행동을 했는지에 관한 질문을 합니다. 외도한 남편을 이해하고 달라진 모습을 확인하기 위해 끝없이 질문

합니다. 남편 외도로 아내는 외상 후 스트레스 장애를 겪고 감정통제 불능 상태가 됩니다. 이런 행동은 가정을 지키고 싶다는 처절한 빌악이지만 남편은 이해하지 못합니다.

감정 기복이 심한 상태로 퍼붓는 과정이 지속한다면 남편은 잘못을 인정하고 사죄하기보다 스트레스가 먼저 발생하여 이를 거부하려는 방어기제가 본능적으로 작용합니다. 이런 상황이 반복될수록 아내에게 새로운 상처는 계속 쌓입니다.

남편。 "내 속을 다 보여줬는데 왜 매번 같은 얘기를 반복해? 다 끝난 거 당신도 알잖아! 자꾸만 상상해서 소설 써봐야 당신만 힘들잖아. 다 잊어버렸는데 당신이 자꾸 그 여자 얘기하면 나도 생각하게 되잖아! 이젠 여자라면 징그럽다고!"

아내。 "나도 그만하고 싶은데 자꾸 생각나는 걸 어떻게 해? 지금 내가 소설 쓰는 거라고? 너는 몇 년을 바람펴놓고 이 정도도 견디지 못한다고? 나는 아직도 하루하루가 지옥 같아. 내가 얼마나 힘들고 아픈지 모르는구나. 끝까지 이기적이네, 당신은!"

이렇게 또다시 쌓인 상처 때문에 남편에게 질문, 질타, 원망, 감시, 확인을 멈추지 못하게 됩니다. 이는 외도로 발현된 욕구이기도 합니다. 이런 상황의 반복은 해결보다 의심 시작으로 자신과 주변 모두의 고통이 되고 정신병증으로 전환될 확률이 높아 적절한 치유를 해야 합니다. 심할 경우 정신과 진료를 병행해야 합니다.

외도 문제는 외도종결 후 부부 관계를 점검해야 합니다. 복합적인 감정 기복으로 생각이나 결정이 수시로 바뀌어 두 사람 모두 지치고 맙니다. 분노가 반복되지만 어느 것도 얻을 수 없습니다.

모든 사람이 그렇듯 외도는 판단력을 상실시키고 심각한 심리 질병을 일으켜, 결국 가정이 파괴될 수 있습니다.

상간자의 적반하장

외도를 겪은 배우자는 부정 감정의 연쇄작용으로 매우 불안한 감정 상태가 됩니다. 외도자와의 갈등이 심해질수록 배우자는 상간자를 응징하려는 욕구가 커집니다. 외도자가 이혼을 피하고 싶어 하는 경우에도 소통과 위로, 사죄가 부족하면 배우자는 외도자가 상간자에게 미련이 남았다고 판단합니다. 외도자는 배우자의 추궁에 불안한 나날을 보냅니다. 그 시기에 상간자와 조심스럽게 연락을 주고받으며 자신을 걱정하는 상간자를 믿고 의지합니다. 자기 처지와 마음을 상간자가 알아줄 것으로 생각합니다. 하지만 상간자가 외도자와 계속 연락을 주고받는 것은 외도자의 배우자 동태를 파악하기 위한 것입니다. 상간자는 자기에게까지 불똥이 튀지 않기를 바라기 때문입니다.

외도자의 언행에 뉘우침이 없거나 상간자를 만나거나 지키려는 것 같은 행동을 보인다면, 배우자는 상간자를 만나거나 소송을 준비합니다. 상간자와 접촉할 때 준비를 하든 안 하든 아쉬움이 남게 될 가능성이 큽니다. 어떤 다짐과 각오를 하든 상간자의 사죄를 받으면 마음이 조금 풀려서 돌아오는 경우가 많습니다. 상간자가 "정말 잘못했습니다. 다시는 만나지 않겠습니다"라고 말한다면 배우자는 좋은 말로 관계 단절을 다짐받으려고 합니다.

그렇지만…….

상간자는 상간자 소송을 피하기 위해 배우자를 만나 회유하는 것일 뿐입니다.

배우자는 상간자와 만나는 목적은 대화가 아니라는 점을 명확하게 해야 합니다. 중요한 것은 사실 확인입니다.

한편 발뺌하거나 적반하장인 상간자는 피하는 데 급급합니다.

"네 가정 문제를 왜 나한테 뭐라 하지? 문제가 없었다면 멀쩡한 배우자 두고 바람을 피우겠어? 하도 끈질기게 따라다녀서 만나준 거라고!"

혹은 이렇게 말하기도 합니다.

"오해십니다. 만난 건 사실이지만 성관계는 없었습니다."

상간자에게 이런 말을 듣는다면 억울함에 치가 떨리게 됩니다. 따라서 배우자가 상간자를 만나 사실을 확인하려 한다면 적절한 방법부터 간구해야 합니다.

상간자 소송은 증거가 있다면 문제없지만, 이미 폐기해아예 없다면 그때부터 증거를 만들거나 찾으면 됩니다. 소송은 외도자의 협력이 필요합니다. 하지만 외도자가 협조하지 않는다면 잠시 미루거나 다른 방법을 찾아야 합니다. 이혼 목적으로 소송하는 것이 아니라면 감정적으로 소송하는 것은 외도자와 다툼만 심해지고 승소해도 실망과 상처만 쌓입니다. 배우자는 상간자에 대한 열등감, 패배감, 의심, 성행위 등을 상상하게 되고 그 상상은 후퇴를 모릅니다. 따라서 상간자 소송과 접촉을 통해 무엇을 얻을 것인지 고민해야 합니다.

외도자는 이런 과정에서 반성하기도 하지만, 모두가 그런 것은 아니니 변화를 지켜봐야 합니다. 외도자의 배신과 상간자에게 받은 치욕은 다르지만 분노는 같습니다. 걷잡을 수 없을 만큼 커진 분노를 외도자와 자녀에게 쏟아붓게 됩니다.
이처럼 위기를 잘 넘겨도 의심은 멈춰질 수 없기에 화합이 어렵습니다. 따라서 상간자와 접촉하거나 소송을 고민한다면 감정을 잠시 미루고 무엇을 바라는지 깊이 고려한 후 행동해야 합니다.

✳ 뉘우침과 깨달음

외도 상황에서 뉘우침과 깨달음은 매우 중요합니다. 뉘우침은 스스로 잘못을 알고 반성하는 것입니다. 깨달음은 외도를 알게 된 배우자와 가족의 고통에 직면하여 가정과 가족의 소중함을 절실히 느끼는 과정에서 생깁니다.

외도자。 "잘못했어. 하지만 당신은 나를 한 번도 존중해준 적도 없어. 부부관계도 없었고, 난 늘 무시당하기만 했고, 그래서 항상 외로웠어."

배우자。 "그래서 바람피웠니? 다들 똑같이 살아. 그렇지만 다 바람피우지는 않잖아. 잘못했다는 사람이 지금 할 말이야?"

이 같은 대화는 잘못을 뉘우치지만 깨달음은 없는 부부의 대화입니다.

깨달음이란 자신의 외도와 상간자에 대한 마음이 창피하고 의미 없는 쾌락이었음을 깊이 깨닫고 우선순위가 정확해진 것입니다. 하지만 배우자나 외도자 모두 뉘우침과 깨달음을 분별하지 못하거나, 오히려 뉘우친 척 이용하기도 합니다.

그래서 위기만 모면하고 보자는 가벼운 생각을 합니다. 외도자는 상간자와 주고받은 메시지 영상 사진 등의 행적이 발각돼 난처해질 것이 두려워 휴대전화 정리와 블랙박스 기록 등을 제거합니다. 뉘우친 척하며 배우자를 위로하며 맞춥니다. 사람은 누구나 자기 처지에서 생각하고 자신의 스트레스가 가장 힘들다고 생각합니다. 외도자도 잘못은 인정하면서도 뉘우침은 거짓이거나 가벼울 때가 많습니다.

깨달음은 깊은 참회로 쉽게 생기지 않습니다. 잘못을 알려주고 옳고 그름을 설명해준다고 뉘우치거나 깨닫는 것은 아닙니다. 외도자의 잘못을 깨우쳐주기 위해 잘해준다고 되는 것도 아닙니다. 외도자는 편해지고 행복을 느낄 때, 혹은 자신이 이룬 명예나 일에 타격을 받아 숨이 멎을 만큼 심각한 상황일 때 깨달음을 갖습니다.

외도 상황에서 "지성이면 감천"을 기대하는 것은 착각입니다. 반드시 순서가 있고 일정한 대가를 치러야 합니다.

외도를 알게 된 배우자는 심리적 충격이 매우 큽니다. 심리에 문제가 생겼다는 것입니다. 매 순간 벗어날 수 없는 지옥에서 살게 된 것입니다. 감정통제도 되지 않고 무엇을 바라는지도 모르는데, 외도자를 편하고 행복하게 해준다는 것은 목적을 가지고 이 악물지 않는 한 거의 불가능합니다. 그렇기에 외도자를 용서하거나 함께 어떻게 살지를 결정하기보다 먼저 상처받은 자신을 돌봐야 합니다.

"당신만 제자리로 돌아오면, 상간자만 정리하면, 다시는 외도하지 않는다는 약속을 하면, 전 재산을 주면, 위치 추적 앱을 깔고 일거수일투족을 보고하면 난 괜찮아질 수 있어."

이런 생각은 만용일 수 있습니다.

외도는 부부 두 사람 모두 스스로 각성할 수 있는 계기로 삼아야 합니다. 그래야만 부부 화합도 가능하고, 상처 입은 채 살아가지 않게 됩니다. 뉘우침과 깊은 깨달음 없이 문제는 해결되지 않고, 화합할 수 없으며, 두 사람 모두 상처와 스트레스로 평생을 고통받게 됩니다.

✦ 전술과 공격

모든 인간관계에서는 인내심과 의지가 필요합니다. 외도 문제에서도 마찬가지입니다. 감정을 통제하지 못하면 억울한 결과를 맞이할 수 있습니다. 가정을 지키고 외도자를 정신 차리도록 하려면 때를 기다려야 합니다. 일정 기간 외도 행위를 지켜보며 외도자가 온전히 가정으로 귀환하도록 의지를 다져야 합니다.

상황에 따라 다르지만, 외도자에게 불륜 증거와 이혼서류로 승부수를 던지는 때도 있습니다. 어떤 때는 상간자를 먼저 공격해야 합니다. 무수히 많은 전술은 온전히 가정을 지키고 서로의 상처를 최소화하기 위한 것입니다. 외도를 알게 되면 극심한 스트레스로 감정을 주체하지 못하고 무작정 공격하는 경우가 많습니다. 마음은 이해하지만, 성급한 행동으로는 가정을 지키는 결과를 만들 수 없습니다.

차라리 잠시 내버려둔 채 철저하게 전략을 세워 공격하는 것이 무방비 상태인 외도자에게 더 큰 충격을 줍니다. 이때 현실을 직시하도록 하여 상간자를 정리하도록 합니다. 물론 그렇게 한들 몇 달 잠 못 자며 고통받은 배우자에게 위로가 되지는 않습니다. 거기에 외도자의 자백과 상간자와 주고받은 메일, 문자, 사진, 영상 등을 보면 또다시 분노가 활활 타오르게 되니 말입니다.

그렇지만 외도를 종결하고 외도자를 정신 차리게 하기 위해서는 외도 상황과 부부의 심리를 정확히 파악한 후 불필요한 감정 낭비를 잠시 하지 말아야 합니다. 외도자를 공격할 적절한 때를 알아야 바라는 결과를 얻을 수 있습니다.

성매매 원인과 특징

남성은 사회생활을 하다 보면 성매매를 할 수도 있다고 생각합니다. 가정을 깨기 위해 성매매하는 남성은 없습니다. 들키고 나면 들켰다는 것에 화가 나고 아내에게 추궁당하며 해명해야 할 것에 짜증이 납니다.

"대체 왜? 더럽지도 않아? 부부인데 상의해서 부부관계를 바꾸든지, 노력을 해야 하는 거 아니야? 나도 여자야!"

하지만 남편은 사실 이유가 없습니다. 익숙한 아내가 아닌 새로운 여자이기에 성욕이 다르며, 욕구에 따른 행동이었을 뿐 특별한 이유가 없습니다.

하지만 아내는 남편을 이해하지 못합니다. 섹스리스로 살았던 지난날과 자신이 성관계를 거부한 일들을 반성합니다. 그래서 남편 외도로 인한 상처를 자신의 외모를 꾸미고 성관계에 관심을 갖는 것으로 치유하려 합니다.

하지만 그런다고 남편의 성매매 습관이 사라지는 것은 아닙니다. 성매매는 남편의 문제이고 잘못된 습관의 결과입니다.

남성의 성매매는 대체로 불안감과 들뜬 기분에서 시작됩니다. 자기도 모르게 스트레스가 반복될 때 불안감을 해소하기 위해 성매매를 합니다. 혹은 좋은 일이 있거나 곧 좋은 소식을 듣게 될 때 등 들뜬 감정에서 시작되기도 합니다. 장기간 섹스리스로 지냈을 때 성욕을 억압했지만, 어느 순간 성매매를 시작하기도 합니다. 무엇이든 처음은 어려워도 두 번째부터는 쉬워져 특별한 것으로 생각하지 않습니다.

아내는 성매매를 하는 원인과 이유를 알고 싶어합니다. 그래서 성매매하게 된 계기와 이유를 물어봅니다. 사실 남편은 아내의 질문에 해줄 대답이 딱히 없지만, 해명이든 변명이든 아내가 이해할 만한 답을 해줘야 한다고 판단합니다.

"얼떨결에 가게 됐는데, 가다 보니 대접받는 기분이라서."

"당신은 성관계를 싫어하니까."

이런 대답에 화가 치밀어 오르기도 하지만, 사실이기도 하기에 아내는 자신을 반성합니다.

남편의 성매매 사실을 알게 된 아내는 남편과의 부부관계

를 개선하려 노력하는 경우와, 남편과는 관계를 하고 싶지
않게 되는 경우로 나뉩니다. 전자는 부부관계에서 적극적인
변화를 시도하며 남편의 요구를 거부하지 않습니다. 후자는
쇼윈도 부부로 살게 됩니다.

　부부간의 성 문제는 어느 한 사람의 문제가 아니며, 서로
의 처지에 따라 다릅니다. 장기간 섹스리스로 인해 억압된
성욕이 한순간에 불씨가 타오르며 성매매 원인이 되기도 하
지만, 모든 남성이 불안하거나 들뜬 기분 또는 성관계의 부
재 때문에 모두 성매매를 하지는 않습니다.

　따라서 남편의 성매매는 남편의 문제입니다. 재수 없게 걸
린 것이 아니라 잘못된 습관입니다. 스스로 잘못된 습관이라
인식하고 고쳐야 합니다. 스트레스와 불안감 원인을 찾아 건
전한 방식으로 해결하고, 기분이 들뜰 때는 스스로 절제해야
합니다. 장기간 성관계 없는 부부는 원인을 찾아 관계 개선
을 위해 노력해야 합니다.

5장

남과 여,
다름과 착각

남자와 여자가 심리 차이를 알지 못하면 상대를 위해 아무리 노력해도 물거품이 됩니다. 상대가 바라는 무엇도 해줄 수 없습니다. 서로를 이해하기 위해서는 무엇보다도 상대 심리를 알아야 합니다. 그래야 진정한 이해와 배려 가운데 편안한 관계를 유지할 수 있습니다.

행복의 기준

행복을 추구하는 데에 있어 남자는 미래를 향하고 여자는 현재를 바라봅니다.

"그래, 반드시 이 일에서 성공을 거둘 거야! 최선을 다해서 내 모든 역량을 쏟아부을 거야!"

남자는 열정과 성취욕을 통해 미래 행복을 추구합니다.

"오호, 잘되고 있는걸? 역시 난 대단해."

기쁨, 즐거움과 같은 긍정 에너지가 원동력이 되어야 원하는 미래를 향해 전력 질주할 수 있습니다. 이런 열정은 몰입에서 비롯합니다. 특정 대상에 대한 호기심과 재미, 즐거움이 반복될 때 대상을 좋아하게 되면서 몰입하게 되고 긍정 감정이 지속해서 생깁니다.

반면 여자의 행복 기준은 현재입니다. 현재가 안정되어야 미래를 향할 수 있습니다. 현재가 행복하기 위해서는 사랑의 감정이 필요합니다. 사랑의 감정은 좋은 감정을 생성하는 원천입니다. 여성에게 사랑은 삶의 에너지입니다. 여자는 사랑이 충만하면 현재 행복으로 미래를 계획하게 됩니다. 그래서 여자의 사랑은 현재 행복을 지키거나 추구하도록 하는 원동력이며 행복을 느끼는 감정으로 작용합니다.

남자에겐 미래가 있어야 현재가 있습니다. 미래 없는 현재는 의미 없는 고통입니다. 자신의 지식과 경험, 자신감 등을 바탕으로 실체가 없어도 미래에 이루어질 가능성이 보이면 추구합니다. 그렇기에 현실감이 느껴지지 않거나 보이지는 않지만, 뚜렷한 목표와 성취욕이 강한 남자일수록 열정적인 미래의 꿈과 희망을 자주 이야기합니다. 이런 모습은, 이미 다 이룬 것 같은 언행 때문에 허풍같이 보이기도 하고, 그것이 뜬구름 잡는 소리 같기도 합니다. 미래 행복을 추구하는 남자는 자기 신념을 믿습니다.

남자는 단순히 꿈, 희망, 목적만을 가지고 미래를 추구하는 것이 아닙니다. 늘 앞으로 할 일을 생각하고 색다른 무엇인가를 지속해서 찾기에 정착하지 못하는 사람으로 보이기도 합니다. 이것은 남자의 행복 기준이 미래 추구에 맞춰져 있기 때문입니다. 남자는 죽을 때까지 미래에 다가올 새로운 무언가를 추구하며, 자기 행복을 판정하는 기준으로 끊임없이 작용합니다.

여자는 현재가 있어야 미래도 있습니다. 현재가 없는 미래는 막연하고 불안합니다. 그래서 현재 안정을 찾거나 지키고 유지하려고 합니다. 여자는 새로운 정보를 대할 때 현실에 맞는지 맞지 않는지를 판단합니다.

남자가 "당신을 정말 사랑해"라는 말에, 여자는 "내가 어디가 좋은데, 뭐가 좋은지 구체적으로 말해주면 안 돼?"라며 구체적인 것을 요구합니다. 뚜렷한 가능성이 보이고 실체가 확인되어야 행복할 것으로 믿고 미래를 추구할 수 있습니다.

여자에게 현재 행복은 안정되고 만족한 무엇이 있거나 사랑이 확인된 상태라야 긍정적 행복을 느낍니다. 이는 현재 행복 기준에 부합한 결과이기도 합니다. 여자는 현재가 행복하지 않으면 미래도 막연하고 불안한 마음이 들기에 미래 행복 추구에 걸림돌이 됩니다.

물론 남자도 현실이 행복하고 편안할 때 행복을 느낍니다. 현재 무언가를 막 이루었을 때, 긍정적인 결과가 목전일 때, 아무 생각 없이 편안히 있을 때, 미래가 명확히 정해진 경우 행복하다고 생각합니다.

그런데 여기서도 차이가 존재합니다. 현재 행복을 느낀 여자는 그것을 유지하려고 하지만, 남자는 더 행복한 미래를 상상하고 기대합니다.

이 같은 남자와 여자의 다른 행복 추구 기준은 갈등 해결 과정에서 그 차이를 확연히 느낄 수 있습니다.

예를 들어 외도 관계를 모두 정리한 남편이 미래를 다짐합니다.

"다 잊고 이젠 앞만 보고 잘살자. 내가 정말 잘할게!"

하지만 아내는 마음이 정리되기 전까지 미래의 행복이 막연하기만 합니다. 그래서 남편이 요구하는 불투명한 미래로는 한 발짝도 움직이지 못하는 것입니다. 아내는 과거를 이해하거나 정리되지 않으면 현재 안정도 없습니다. 그러니 어떻게 모든 걸 다 잊고 미래 행복을 찾아가자는 건지 마음을 몰라주는 남편에게 서운한 감정만 쌓입니다.

이 과정에서 남편은 아내가 평소 요구했던 것들을 모두 해주었기에 도무지 이해하지 못합니다.

"대체 내가 뭘 더 어떻게 보여줘야 돼?"

남편은 아내가 자신을 믿지 못하는 것으로 생각해 지치고 맙니다. 남편이 아무리 잘못을 빌고 눈물로 호소해도, 아내의 마음이 해소되지 않으면 현재 행복을 느끼지 못하기에 앞으로 나아가지 못합니다.

이런 과정을 보면 남편은 자신의 미래 행복 기준에 맞춰

아내에게 적용했지만, 아내의 기준에는 맞지 않았습니다. 남자와 여자의 행복 기준과 추구가 다름을 알게 된 아내들은 남편이 최선을 다하고 있음을 비로소 이해하게 됩니다.

감정을 기억하는 여자, 현상을 기억하는 남자

아내는 남편과 다투며 과거 서운했던 일들을 일일이 쏟아 냅니다.

"어떻게 그걸 기억 못 해? 도저히 이해할 수 없어! 일부러 피하려고 하는 거지!"

하지만 남편은 묵묵히 들으며 생각합니다.

'정말 많은 일들을 모두 기억하고 있구나. 가슴에 맺힌 게 많은가보다.'

남편의 태도에 아내는 '이젠 알아듣는구나'라고 생각하거나, 오히려 서운한 마음이 커집니다.

여자의 기억은 당시의 장면과 감정 모두를 포함합니다. 상처가 된 과거는 시간이 흘러도 괴롭습니다. 특히나 좋지 않은 상황에서 남편과 대화하면 과거의 모든 기억을 떠올려 모두 쏟아낼 때까지 멈추지 못하게 됩니다. 여자에게 상처받은 감정은 쉽게 치료되지 않고 평생을 괴롭히는 트라우마로 남습니다. 서운하거나 억압했던 일, 하고 싶지 않지만 참고해야 했던 일 등 상처를 받으면 그 일을 누군가에게 하소연합니다. 대체로 사랑하는 사람, 믿는 사람에게 하소연하며 그가 자신의 마음을 알아줄 것으로 생각합니다.

하지만 듣는 상대는 이런 말들에 짜증부터 납니다. 해결을 바라는 건지, 위로해달라는 건지, 짜증 나는 일을 왜 자꾸 생각하는지 알지 못합니다.

"남들 다 그러고 살아. 하기 싫으면 하지 마. 왜 해놓고 뒷말하지? 어떻게 해달라고?"

하지만 여자는 이런 답변을 바란 것이 아닙니다. "미안해. 도와주지 못해서"라든가 "힘들었으니 이제부터는 내가 도와줄게" 하는 말로 알아주거나 위로해줬다면 그토록 오랜 시간 묵혀두지 않았을 겁니다. 그러니 "정말 짜증 나고 힘들었어?"라며 되물으며 알아주고 위로해야 합니다. 그래야 상처로 작용하지 않도록 예방할 수 있습니다.

여자는 자신의 판단이 잘못됐어도, 알아주고 위로받지 못하면 좋지 않았던 문제들이 상처로 쌓이기 시작합니다. 결국에는 우울증이 되고 심각한 심리 장애와 정신장애를 앓는 원인이 되기도 합니다.

반면 남자의 기억은 감정보다는 장면을 기억합니다.

"그때 그 일 기억나지? 정말 짜증이 나고 싫었는데."

"그래? 잘 기억나지 않아. 그런 걸 왜 아직도 기억해?"

좋지 않았던 일들을 장면으로만 기억하기 때문입니다. 그렇다고 감정을 느끼지 않는 것은 아닙니다. 다만 매우 짧고 강렬한 기분을 짧게 느끼지만, 장면과 결과로만 기억한다는 것입니다.

남자와 여자의 기억 차이는 인간관계와 심리 문제를 푸는 데 있어서 중요한 역할을 합니다. 따라서 기억이 사람마다 모두 다른 것이 아니라 남자와 여자의 다름을 아는 것이 매우 중요합니다.

남자와 여자는 큰 충격을 받으면 심리 장애를 겪게 될 때가 있습니다. 남자가 생각과 상상이 많아지고 과거를 돌아보며 "마음이 아프고 힘들다"고 한다면 이는 심각한 심리 장애입니다.

충격적인 사건으로 심리에 문제가 생긴 여자는 바로 그 증상이 나타나지 않습니다. 장기간 방치되거나 시간이 흐른 후에 쿨한 여자가 되어 생각과 상상하지 않으려고 합니다.

"그런 걸 왜 기억해? 하나도 생각나지 않아! 인생 뭐 있어? 싫은 건 생각도 하지 말자고!"

과거를 생각하면 아프고 스트레스만 받기 때문에 기억하

는 것이 두려운 것입니다. 이런 상태가 지속되면 아픈 과거의 해리 현상이 일어나 작은 자극에도 매우 예민하게 반응하게 됩니다.

이렇듯 충격적인 사건으로 인한 심리 반응은 남녀에게 다르게 나타납니다. 남자에게는 심리적 고통을, 여자에게는 즐거움을 추구하게 합니다. 그러나 이러한 심리 문제가 치유되면 남자는 과거를 현상으로 기억하기에 치유와 회복이 빠르게 진행됩니다. 하지만 여자는 치유와 회복의 시간이 더 깁니다. 여자는 기억하고 싶지 않은 아픈 과거를 되새겨 느끼도록 하는 과정이 진행된 후에야 치유되기 때문입니다.

따라서 좋지 않은 문제가 발생했을 때 이들을 대하는 생각과 방식이 달라야 합니다. 이러한 차이를 모르면 충격으로 심리 장애를 앓고 있는 상대에게 큰 충격을 줄 수 있습니다. 따라서 남자와 여자의 차이를 이해하는 것이 필요합니다.

지켜주는 남자, 보살펴주는 여자

모처럼 한가한 휴일 낮, 집안일에 한창인 아내의 눈치를 보던 남편이 말합니다.

"자기야, 내가 청소기 돌려줄게."

그 말을 들은 아내는 화를 냅니다.

"청소기 돌려준다고? 생각해주는 거야, 선심 쓰는 거야? 우리 일인데 해준다고 하면 안 되지!"

남자의 말은 보호 본능에서 비롯된 것입니다. 남자가 태어나 처음 만나게 되는 여자는 엄마입니다. 그런데 엄마가 힘들어하면, 아버지 또는 누군가에게 괴롭힘을 당하여 고통스러워한다고 생각합니다. 그래서 "내가 커서 혼내줄게"라고 하지만 어린 자신이 아직은 엄마를 보호해줄 수 없다는 것을 깨닫습니다. 성인이 되어 엄마를 행복하게 해주고 고통스럽게 만든 요인을 해결하여 엄마를 지켜야 한다는 보호 본능은 책임 의식으로 강화됩니다.

남자는 지켜야 할 대상이 정해지면 자기 사람에게 평소 그 사람이 좋아한다고 했던 것만 주거나, 자기가 좋아하는 것을 주면서 지킨다고 생각합니다.

그런 남자에게 여자는 말합니다.

"왜 맨날 똑같은 것만 주고 같은 곳만 가는 거야? 왜 네가 좋아하는 것만 나한테 강요해?"

때로는 여자가 자신이 받고 싶은 것, 가고 싶은 곳 등을 먼저 알려주는 것이 도움이 되는 때도 있습니다.

남자는 되지도 않는 서프라이즈를 매우 좋아합니다. 상대가 깜짝 놀라며 매우 좋아할 것을 고대하며 상대에게 아주 잘하고 있다고 생각합니다. 남자는 감정을, 특히 부정 감정을 기억하지 않습니다. 그래서 모든 문제를 판단하기 위한 다양한 정보와 지식이 필요합니다. 어떤 문제든 누구에게 물어보는 것보다 자신이 판단하고 결정해야 하므로 남자에게 정보와 지식은 꼭 필요한 것입니다.

그렇지만 곤란에 처하거나 꼭 필요하고 힘들 때, 남의 충고를 귀담아듣기도 합니다. 평소 아랫사람으로 생각했던 사람, 인정해준 사람, 자기가 볼 때 성공한 사람들의 말을 믿어버립니다. 저 친구는 나를 인정하고 내가 누군지 알기 때문에 절대 자신을 속이지 않으리라고 믿습니다. 사기는 주로 절박할 때, 잘 아는 사람에게 당하지만 자신은 예외라고 생각합니다.

또한 보호하려는 마음과 과한 책임 의식은 때론 오지랖으로, 지켜줄 대상이 아닌 불필요한 사람을 향합니다. 아내는 자기 울타리 안에 있으니 괜찮지만, 이혼 후 혼자 되어 옆집으로 이사 온 여자가 안됐다고 생각합니다.

"나 같은 남자를 만났어야 해!"

이런 남자의 속마음은 안쓰러움입니다.

남자의 보호 본능은 부모 중 어머니의 영향으로 건강한 심리를 만들기도 하지만 그러지 않을 때는 변질되거나 사라지기도 합니다. 보호 본능은 동성보다 여자를 통해 형성되는데, 어머니의 강압적 양육과 무엇이든 다 해주는 방식은 창의력과 책임 의식을 사라지게도 합니다.

남자가 보호 본능을 잃어버리거나 퇴색하면 주는 행복을 모르는 자기애적 열정으로 오직 즐거움과 쾌락을 좇는 무책임한 남성이 되기도 합니다. 이런 삶은 만족을 모르고 끊임없이 무엇에 집착하거나, 새로운 걸 추구하여 심리적 고립으로 이어집니다. 심한 경우 스스로 원인을 알지도 못한 채 인간관계가 차단되기도 합니다. 이처럼 순탄하지 못한 삶이 되면 세상과 부모 탓 타인 탓으로 모두 돌립니다.

남자의 보호 본능은 성장 과정에서 형성되며, 삶에서 매우 중요한 역할을 합니다. 인간애에 대한 개념과 막연하지만, 행복한 삶의 우선순위와 그것을 지켜나가는 원동력이 됩니다. 건강하게 잘 갖춰진 남자의 보호 본능은 이성에 대한 호기심을 시작으로 보호 본능이 책임 의식으로 전환되며, 무한 책임 의식으로 정착합니다. 이러한 남자의 보호 본능은 항상 자기가 무엇을 해준다고 생각하고 표현하도록 무의식으로 작용합니다.

반면 여자는 보살피고자 하는 마음을 가지고 있습니다. 보호가 책임을 지거나 받는 것이라면, 보살핌은 살뜰히 챙기는 것입니다. 여자는 보호받지 못하거나 보살필 대상이 없으면 안정되지 못하고 집착, 저장강박증, 쇼핑 등 심한 우울증과 심리 장애에 빠지기도 합니다.

여자는 부모에게 보호받으며 안정감과 행복을 느낍니다. 하지만 환경과 양육 방식에 따라 보호받지 못하면 부모가 아닌 동성 친구에게 빠지고, 보호 본능을 가진 이성을 알게 되면 의존 성향이 강해집니다. 여자는 보호받을 때 심리가 안정되는데, 정서적·경제적 보호자의 부재와 방치는 불안감을 가중하여 자기도 모르게 이성에게 의지합니다. 이 경우 성인이 되어도 관계에 의존과 집착하는 원인으로 반복되기도 합니다.

또한 어린 시절부터 가족부양 등의 책임을 떠안아 보호해야 하는 처지가 된다면, 심리에 좋지 않은 변화를 일으켜 상처가 됩니다. 결혼 후에도 끊임없이 가족을 부양하는 삶의 패턴으로 이어질 가능성 또한 매우 커집니다.

같은 상황이라도 보호 본능을 가진 남자에게는 이것이 상처가 아닌 과시나 핑계가 되지만, 보호받아야 하는 여자에게는 고스란히 깊은 상처로 남습니다. 이처럼 보호의 책임을 맡은 여자의 심리 관점에서 보면 남자에게 보호 본능은 본능이지만, 여자가 책임져야 하는 보호는 본능이 아닌 의식적 책임이라는 차이가 있습니다.

여자는 환경과 상황에 의해 의식적인 책임감을 느끼고 보호할 대상에게 조건 없는 희생과 헌신을 합니다. 그러나 정작 자신은 다른 사람에게 받는 사랑과 행복을 어색해합니다. 무언가 하지 않으면 늘 불안함을 느끼고 가만히 있지를 못하며 일중독이 되기도 합니다. 그러면서 사람 간의 관심과 애정을 교환하는 균형을 유지하지 못합니다. 의식적인 책임을 다한 결과, 오로지 주는 삶에 익숙해진 상처들이 고스란히 마음에 남습니다.

여자의 심리 본능인 보살핌은 특징이 있습니다. 상대가 약해 보이거나 자신이 관심을 둔 사람, 사랑하는 사람 등 자신이 아끼는 사람과 불쌍한 사람을 보살펴주고 싶은 욕구를 느끼는 것입니다. 이것은 여자의 현재 행복 심리에서 비롯된 보살핌의 작용이며, 사랑할 때 나타나는 기본적인 현상이기도 합니다.

여자는 누군가에게 보살핌을 받을 때 그것을 확인하며 안정을 찾으려 합니다. 무언가 불안함을 느낄 때 주기적으로 확인해 정서적 안정을 찾으려는 무의식 작용이며 표현입니다. 대상이 정해진 후 경제적 부양으로 보호를 시작하는 남성과 정서적 안정을 찾아 보살핌을 받거나 확인하려는 여성의 갈등은 남녀 간의 흔한 논쟁이 되기도 합니다.

이렇듯 남자는 보호, 여자는 보살핌이라는 서로 다른 심리 본능을 가지고 있습니다. 그렇기에 남자와 여자는 사랑, 행복, 감정과 기억에 대해 다른 기준으로 인식하고 행동하며 표현합니다.

보호와 보살핌은 특정한 사람만 지닌 심리가 아니라 누구나 가지고 있는 심리입니다. 남자에게 보호 심리가 있다고 보살핌의 욕구가 없는 것은 아니며, 여자에게 보호의 책임이 없는 것도 아닙니다. 남자와 여자 모두 서로 좋거나 안정되었을 때는 보살피고 보호하려고 행동합니다. 다만 남자와 여자의 본질 심리가 아닌 환경과 상황에 따른 것이 대부분입니다.

만일 남자가 '마마보이'처럼 보살핌을 받으려고 하거나, 여자 못지않게 세세한 보살핌을 준다면 삶이 어려워질 가능성이 큽니다. 반대로 여자가 보호하는 삶을 살게 된다면 마찬가지로 삶이 순탄치 않을 가능성이 큽니다. 보호와 보살핌은 부모의 양육 방식이나 환경으로 본래의 순기능을 상실하면 정체성 혼란과 원인 모를 불행으로 이어져 자신과 주변 가까운 사람에게 고통을 주기도 합니다.

따라서 의식이 아닌 본능적으로 가진 보호와 보살핌의 원리를 알면 서로를 이해하는 데 도움이 됩니다.

사랑

사랑은 광범위한 개념이지만, 여기서는 남자와 여자의 사랑을 한정해 정리했습니다.

남자의 사랑은 "와, 예쁜데!"라는 호기심으로 시작됩니다. 호기심이 생긴 대상을 향해 "내가 지켜줄게!"하며 보호해주고 싶은 마음이 생깁니다. 이는 "나만 믿고 따라와!"라는 책임 의식이 되어 무한 책임으로 정착합니다. 자신도 모르게 정착된 무한 책임 의식은 주는 사랑으로서, 대체로 결혼 후 형성됩니다. 대상이 여자일 때 가장 강한 열정으로 무의식에 자리 잡은 사랑이 됩니다.

남자에게 사랑은 '무엇이든 해주고 싶은 마음'입니다. 상대가 좋아하는 반응을 보며 행복한 기분을 느끼게 합니다.

그런 기분은 앞뒤 가리지 않고, 가진 것이 없어도 "뭐 갖고 싶어? 뭐든 다 해줄게"라며 무엇이든 할 수 있는 열정을 갖게 합니다. 이는 대상을 지키는 책임 의식으로 식을 줄 모르는 에너지의 원천이 됩니다. 여자를 책임지기 위해 남자는 결혼 후 울타리를 만들고, 행복하게 해주기 위해 자기만의 방식으로 보호하며 표현하기 시작합니다.

자기 사람이라는 확신이 들기 전까지는 그저 잘 보이기 위한 행동과 표현으로, 자기만 즐겁고 재미있으면 됩니다. 확신이 들어 결혼하게 되면 구애하기 위한 표현과 행동보다 가족을 책임지기 위한 경제적 관심과 성공을 위한 노력에 전념합니다. 보호할 여성이 더는 행복한 반응을 보이지 않거나 부정적인 표현을 할 때도 그 책임을 다합니다.

그러나 풀만 먹는 소에게 늑대가 갓 잡아 온 신선한 고깃덩어리는 매번 인정받는 것은 아닙니다. 소에게 그것은 삼킬 수도 뱉을 수도 없는 고통이 되기도 합니다. 이것을 모르는 남자는 좋아하지 않는 여자의 반응이 못마땅하지만, 이를 다른 곳에 풀고 잊어버립니다. 술을 마시거나 취미생활, 간혹 외도 등으로 풀지만 이미 생긴 무한 책임은 또다시 고깃덩어리를 가져다주기 위한 사냥을 반복하게 합니다.

남자의 이런 행위는 자존심 상한 일, 무시당한 일 등 비참한 일이 있어도 혼자 감당할 수 있는 힘을 줍니다. 무한 책임으로 슬픈 사랑을 하고 있다는 것을 스스로 깨닫지 못합니다. 결국 결혼은 남자에겐 사랑이자 무덤이 되고 맙니다. 남자는 자신이 진짜 사랑을 하게 된 것을 인식하지 못합니다.

하지만 사랑하는 대상이 없거나 일과 명예 등 성취가 목적일 경우, 성공해도 허무하고 쓸쓸하며 허전함을 느낍니다. 삶에 대한 열정도 사라지고 만족과 행복을 느끼지 못합니다. 무언가를 해주고 그 대상이 행복해하는 모습, 만족하는 모습이 남자에겐 최고의 행복이고 열정의 원동력이 됩니다. 하지만 그럴 대상이 없는 사람은 성공과 명예를 이뤄도 과시할 수도 뭔가를 해줄 수도 없습니다. 몇 번의 과시로 인정을 받을지 모르지만, 열정은 생기지 않습니다.

남자는 성공해서 많은 돈을 벌어도, 구첩반상을 매일 매끼 받아도 행복하지 않습니다. 그래서 아무 반응을 하지 않더라도 현재 뭔가를 줄 수 있는 대상이 있다는 것만으로 감사해야 합니다. 만족스럽지는 못해도 줄 대상이 있어야 무엇이든 몰입할 열정이 생기고 그것의 삶의 에너지가 되기 때문입니다. 물론 좋아하는 어떤 것과 일에 몰입해도 열정이 생기고 에너지가 됩니다. 하지만 대상이 여자일 때 최고의 열정 에너지를 내어 조건 없이 주는 무한 책임 의식과는 비교되지 못하며, 이것이 남자에겐 최고의 행복이자 만족이 됩니다.

상대에게 자기 방식의 표현으로 무엇이든 해주고 상대가 좋아하는 긍정적 반응을 보일 때 받는 에너지가 순환될 때 최고의 행복을 느낍니다.

하지만 상대가 심리 문제가 있는 여자라면 남자에겐 최악이 될 수도 있습니다. 최악은 해줄 것은 다 해주지만 반응은 없고 무시당하거나 이용당했을 때입니다. 이 경우 눈먼 열정에 책임을 다하지만 긍정 에너지가 없으니 순환되지 않고 스트레스만 쌓여 다른 방식으로 푸는 것을 반복하는 삶입니다.

하지만 이런 생활이 반복되어도 무한 책임 의식을 멈추지 못하니, 이것이 남자에겐 최악입니다.

반면 여자의 사랑은 모성애적인 '주는 사랑'입니다. 사랑하는 대상이 생기면 자신은 없고 오롯이 그 사람이 중심이 되어 희생과 헌신을 합니다. 이는 애틋한 이성 관계가 아니더라도 정서적 보살핌이 필요한 대상을 향한 표현으로 엄마가 아이를 사랑하는 것 같은, 모성애적인 사랑입니다. 보살펴 주려는 마음은 이성에 대한 사랑의 표현입니다. 요리를 못 해도 밥을 해주고 싶고, 자신보다 상대를 멋지게 꾸며주고 싶은 세심한 모습을 보입니다. 이런 모습은 마치 엄마가 아이를 보살피는 모습과도 같으며, 어린아이나 80대 노인이 된 여성도 같은 표현을 합니다. 하지만 사랑하는 사람이 아니면 표현에 제한이 있고 형식적일 때가 많습니다.

보살피는 사랑의 표현이 남자에겐 과한 간섭과 집착으로

충돌하기도 합니다.

"어린애도 아니고 잔소리 좀 그만하면 안 돼?"

"꼭 그렇게까지 해야 해? 서로 사생활은 존중해줘야 하는 거 아니야? 이건 사랑이 아니라 집착이지!"

이처럼 여자는 사랑하는 사람이 정해지면 잔소리가 늘고 세심히 살피는 모성애적 주는 사랑으로서 남자일 때 가장 만족한 사랑의 에너지를 샘솟게 하고 행복을 느낍니다. 하지만 사랑의 형태나 희생의 정도는 기혼과 미혼일 때 다르게 나타나며 부모의 영향을 받아 건강한 관념이 되기도 하지만 왜곡되어 퇴색하기도 합니다. 여자는 심리적으로 안정된 부모로부터 따뜻한 사랑과 보호를 받으며 성장합니다. 성인이 된 후에는 사랑하는 남자를 만나면 보호받을 대상이 부모에서 사랑하는 남자로 바뀌게 됩니다.

어떤 사람은 이런 논리가 자신과 맞지 않고, 자기가 중심이라고 합니다. 그러나 남의 시선과 다양한 지적에 생각이 바뀌고 감정에 희비가 있다면 그것은 자기중심이 아닌 타인을 의식하는 것입니다. 그런 사람은 대체로 예민하고 스트레스에 취약해, 누구보다 믿고 의지할 대상이 필요하지만 내색하거나 표현하지 않는 모순적 행동을 합니다. 이런 모순적 행동을 하는 이유는 무엇일까요? 이는 과거 상처와 불행한 부모 등 주변 사람을 지켜본 간접 경험의 영향으로, 사람을 믿지 못하고 외롭지만 기대고 싶지 않은 방어기제 작용입니다.

또 어떤 경우 이성에 대한 설렘과 관심, 두근거림, 보고 싶고 만지고 싶은 마음을 사랑이라고 합니다. 이 같은 현상은 성적 욕구이며 사랑이라고 할 수 없습니다. 설레는 감정은 남녀 모두에게 있는 성적 욕구, 즉 성 심리의 작용으로, '콩깍지'라고도 부르는 핑크 렌즈 효과입니다. 그래서 유효기간이 존재하고, 끌림의 관계는 빠르고 강하며, 성관계가 동반되는 특징을 갖습니다. 설렘이 사라지고 익숙해지면 그 끝도 쉽습니다.

하지만 사랑하는 관계는 때론 실망하고 불만도 많지만, 주고받는 교감과 믿음은 신뢰를 깊어지게 합니다. 연애 감정처럼 뜨겁지는 않지만, 고난과 역경에도 끝까지 극복해낼 인내의 한계치가 달라집니다. 보호하며 책임지려는 남자와 세심하게 보살피는 여자의 사랑은 무엇과도 비교할 수 없는 행복으로서, 삶의 열정이며 의미입니다.

성[性] 1 - 우리는 누구와 관계하는 걸까?

성행위는 종족 번식은 물론, 인간 심리와 신체를 건강하게 하고 사랑하는 관계를 이어주는 중요한 역할을 합니다. 하지만 미혼인 사람들과 인터뷰하다 보면 깜짝 놀랄만한 말들을 듣게 됩니다.

"성관계는 선택적으로 언제든 누구와도 할 수 있습니다."

"남친이 사귄 지 한 달이 되었는데 성관계를 요구하지 않아요. 제가 매력이 없거나 걔가 고자이거나, 어느 쪽이든 이상한 거 아닌가요?"

"요즘은 선 섹스 후 사귀는 거예요. 사귀기 시작했는데 잠자리가 맞지 않으면 곤란하잖아요. 남친과 성관계한 게 창피한 일인가요? 그렇지만 부모님께는 비밀입니다. 꼰대라서 이해 못 하시거든요. 그래서 남친과 1박 2일 여행을 간다고 당당히 말하는 친구들이 정말 부럽기도 합니다."

이렇게 뚜렷하게 자기주장을 하는 경우가 많습니다. 이렇게 생각하는 여성에겐 성관계가 중요한 결혼의 필수 조건 중 하나이기도 한 것 같습니다.

여성이 성에 관심이 많아진 것은 긍정적 변화이기도 합니다. 성 경험에서 부정적 심리가 전혀 개입되지 않는다면 괜찮지만, 생각과 경험이 자기도 모르게 상처로 남는다면 관계에도 삶에도 좋지 않은 영향을 미칠 수 있습니다.

섹스는 성 심리, 성 기능, 성 행동의 세 가지로 이루어집니다.

첫째는 성 심리입니다. 성 심리는 의식으로 인지하기도 하지만 무의식 작용으로 인지하지 못할 때가 많습니다. 성 심리는 성적 끌림, 성관계를 하고 싶은 마음이며 남성과 여성의 심리 에너지로 작용합니다.

둘째는 성 기능입니다. 성 기능은 신체 기능과 역할을 담당합니다. 성 기능은 주로 성기의 크기와 지루, 조루, 발기 부전, 오르가슴 장애 등 신체의 역할과 작용입니다.

셋째는 성 행동으로 개인 또는 두 사람 이상이 하는 성적 행위입니다. 성 행동은 혼자, 또는 다른 사람과의 성적인 신체 접촉이며, 삽입 전후 과정에서 일어나는 모든 과정을 일컫습니다. 성 행동에 앞서 남성은 성 심리 작용으로 행위를 하고 싶은 상상과 충동이 생기면 발기로 표출됩니다.

여성은 공감대 형성과 남성으로부터 받는 존중, 배려, 좋은 감정, 사랑의 감정 등 호감이 발생하면 질 내부로부터 분비물이 분비됩니다. 상대에 대한 믿음과 신뢰, 책임감, 호감, 사랑의 감정을 느껴야 성 심리가 작용하며, 마음이 생기거나 사랑을 확인할 수 있어야 합니다.

반면 남성은 좋아하고 사랑하는 마음이 생겨야만 성 행동을 할 수 있는 것은 아니며 호기심, 상상, 생각, 시각 자극, 기대감, 기분 등의 작용으로 언제든 성 행동을 할 수 있습니다.

자위는 남성과 여성 모두 생각 또는 무엇을 보거나 듣는 등 상상으로서 스스로 신체를 자극하는 형식은 다르지만, 행위는 유사합니다. 이처럼 성에 대한 인식과 표현은 기분과 감정에 의한 작용입니다. 성 심리는 성에 대한 마음으로 무의식에 따라 서로 다르게 인식하여 반응합니다.

남성과 여성의 성에 관한 기준은 다릅니다. 남성에게는 성 기능과 성 행동이, 여성에게는 성 심리가 크게 작용합니다. 성에 대한 기준이 서로 다르지만 같을 것이라고 생각합니다.

앞서 설명한 것처럼 성 행동, 성 기능은 성행위를 원만히 하기 위한 신체 기능과 성관계를 할 수 있는가 없는가를 말하며, 이는 남성이 생각하는 성입니다. 그러나 여성은 자신을 좋아하는지 아닌지, 성관계하고 싶은 마음인지 아닌지가 중요합니다. 여성은 아이 성적이 좋지 않거나 드라마 내용만으로도 부정 감정이 생기면 남편과의 성관계도 거부하게 됩니다.

"오늘은 싫어! 그냥 자자."

연애 기간에 두 사람이 호텔에서 만나도 남성은 성관계를 기대하지만, 여자는 그렇지 않습니다.

"너도 생각이 있어서 여기까지 나온 거 아니야?"

이렇듯 성에 관한 다름을 모르면 자기 기준으로 해석해 착각하고, 절제하지 못해 다양한 성 문제를 발생시키기도 합니다. 성 문제를 해결하려면 남녀 관계의 갈등과 문제, 콤플렉스와 열등감 등 성에 관한 성향과 문제의 원인을 파악하고 진단해야 합니다.

성 문제 예방과 해결을 위한 연구는 행동적 측면에 치중해 왔습니다. 이는 자유로운 성관계와 쾌락을 추구하는 신체적 만족이 심리적 충족을 준다는 인식을 초래했습니다. 이를 저지하기 위한 성추행과 성폭행 예방 교육은 심리적 차이를 알지도 못한 채 위압감을 주는 겁주기식 교육이 대부분입니다. 이에 따른 부작용으로는 스트레스 해소를 위한 쉬운 만남, 쾌락과 자극 추구로 오히려 상처와 혼란이 가중됩니다. 간혹 성 문제를 발생시키거나 성 충동 조절 능력을 상실한 사람 중에 문제를 극복하길 바라는 사람도 있습니다. 하지만 문제 원인을 행동적 측면으로 본다면 분석 및 진단이 극단적이거나 애매하여 약물 또는 의지로 참는 것 말고는 도움받지 못할 때가 많습니다.

지구상에 사람이 존재하는 한 성 문제는 사라지지 않을 것입니다. 신이 인간에게 준 가장 큰 선물이라는 섹스는 남성의 성 기능과 성 행동, 여성의 성 기능과 성 심리가 하나 되어 교감을 이뤄야 합니다. 그러기 위해서는 서로 다른 성 개념을 이해해야 하며, 강제나 강압이 없어야 하고, 상대도 자신과 같은 심리일 거라는 착각도 하지 말아야 합니다. 또한 상대의 성욕과 성향을 일방적으로 채워주거나 맞추면 문제가 사라질 것으로 생각해서도 안 됩니다.

상처를 받거나 주지 않고 건강하고 행복한 성관계는 일방적이지 않습니다. 또한, 자기감정과 기분에 따른 무절제한 성 행동은 자신을 포함한 누군가에게 평생 상처로 남을 경험으로 축복이 아닌 혼란과 상처, 파멸만을 남깁니다. 따라서 건강하고 행복한 성관계를 위해 성 심리와 성 기능, 성 행동을 구분하여 의미와 작용을 이해하고 결정해야 합니다.

세 가지 요소 중 성 심리 작용은 남녀 모두에게 가장 중요하다는 것을 반드시 인지해야 합니다.

성[性] 2 - 사랑하는 사람과 좋은 관계를 원한다면

성을 이야기할 때 남자는 주로 '섹스'로, 여자는 '사랑의 행위'로 표현하지만, 남자와 여자 모두 행위로 생각합니다. 남자에게 성은 이성을 만나거나 생각할 때 성적 호기심과 관심으로 좋아지면 보호하려는 심리입니다. 보호의 개념을 갖는 첫 번째 대상은 엄마입니다. 아버지와의 관계는 부모 자식 이전에 남자 대 남자로 보호보다 경쟁 심리가 내재된 관계로 봐야 합니다. 어머니에 의해 발현된 보호심리는 강한 책임 의식이 되지만, 이성에게는 성욕이 동반됩니다.

남자의 성 심리는 성적 기대감과 상상력 등이 발생하지만, 어느 것도 움직이지 않는다면 상대를 여자로 인식하지 않는 것이며 보호 심리도 작용하지 않습니다. 이는 남자에게 자연스러운 현상으로 성에 관한 작용과 생각, 행동, 개념을 의식으로 바꾸는 것은 쉽지 않습니다. 이성을 인식하면 상상과 행동 욕구를 느끼는 남자는 여자도 같을 것으로 생각합니다. 그래서 성 행동을 하고, 임신이라는 결과를 회피하거나 무책임한 행동을 합니다. 그러나 이는 성에 대한 잘못된 인식입니다.

남자에게 성은 상당히 중요하지만, 꼭 행위가 있어야 하는 것은 아니며, 꼭 주기적 해소가 필요한 것도 아닙니다. 자기 성욕을 채우기 위해 사랑하고 아끼는 여자가 거부하는 성 행동을 남자는 쉽게 하지 않습니다.

세상에 반은 남자이고 여자입니다. 성 문제에 있어 남자의 관점과 여자의 관점은 전혀 다릅니다. 성은 남자와 여자가 만나 사랑하는 관계 속에 자연스럽게 이뤄져야 할 중요한 관계 중 하나입니다. 하지만 자신과 같을 거라는 생각으로 다르다고 질타할 문제도 아니며, 서로의 성 심리를 알고 조율해 나가야 합니다. 시대적으로 적절치 못한 표현일 수 있지만, "여자는 마음이 가야 몸도 간다"는 말이 있습니다. 여자는 행위보다 마음이 중요하다는 뜻입니다.

남녀가 처음 만나면 서로를 알아가기 위해 차를 마시고 식사하고 영화를 보며 대화합니다. 이런 행동에서 남자와 여자는 전혀 다르게 인식합니다.

남자는 호감이 있어야 식사든 영화든 함께하는데, 그 호감은 상대를 이성으로 인식하느냐에 따라 달라집니다. 상대를 여자로 인식하지 않는다면 일 관계이거나 목적이 뚜렷한 관계입니다. 하지만 이런 관계라도 상대가 여자로 인식된다면 혼자 막연한 기대와 열정이 넘칩니다. 그렇지 않다면 시간을 내어 이야기를 들어줘야 할 이유가 사라집니다. 하지만 일 관계가 아닌 남자의 접근은 여자 마음을 얻기 위한 구애 행동으로 자연스럽게 성적 호기심과 기대감이 동반합니다.

그러나 여자는 호감 가는 상대와 차를 마시고 영화를 보는 것은 어떤 사람인지 알고 싶은 것이며 섹스 목적이 아닙니다. 정신적으로 건강한 사고방식을 가지고 있는 사람인지 아닌지를 알아가기 위한 과정이며 성적 기대와 호기심의 행동은 아닙니다. 그렇기에 남자가 여자 말을 들어주며 맞장구쳐주기도 하고, 때론 옳고 그름을 판단해주면 신뢰가 생겨 좋아하는 감정이 사랑으로 발전하기도 합니다. 이런 과정을 통해 여자는 섹스를 생각하게 됩니다.

여자는 남자에게 보호받고 싶어 합니다. 탐색과 시험을 거쳐 선택한 남자가 자신을 보호해줄 대상이기 때문에 믿음이 생겨 사랑을 주고받으며 희생과 헌신할 중심으로 삼으려는 준비와 확인 과정이 필요합니다.

그런데…… 여자들이 그토록 알고 싶어하는 남자의 마음

에는 성취와 성욕 말고는 없습니다.

반면 여자는 성취와 성욕보다 감정이 중요하고 마음이 움직여야 합니다. 그렇기에 남자의 관심과 마음을 얻으려면 성취와 성욕을 적절히 자극해야 합니다. 또한 여자 마음을 얻기 위한 남자는 그 여자의 마음을 알아주고 위로해주며 든든히 지켜주면 됩니다. 마음의 동요가 필요합니다.

여자의 성취욕이 강할 때가 있습니다. 현재 처한 환경에서 탈출하기 위한 목적이거나 복수 또는 인정받고자 경우입니다. 하지만 노력 끝에 성공해도 믿고 의지할 대상이 없기에 가슴 한쪽이 늘 외로움과 불안함을 느낍니다. 그래서 진정으로 사랑하는 사람, 기댈 수 있는 사람을 만난다면 언제든 성취한 모두를 과감히 버리기도 합니다. 여자는 심리적 편안함과 안정을 바라며, 감정을 매우 중요하게 생각합니다.

여자의 이런 감정은 행복을 샘솟게 하는 긍정 에너지이기도 하지만, 때론 스트레스와 상처, 트라우마가 되어 부정 감정에 휘말리기도 합니다. 자신이 무시당했다고 생각하거나 소통 단절, 배려와 위로를 받지 못했다면 상처가 되고, 기간이 길어져 쌓일수록 부정 감정이 강해집니다. 여자에게 감정은 없어서는 안 될 중요한 긍정 에너지를 샘솟게 하는 마중물이지만, 상처와 스트레스가 쌓이면 부정 감정이 강해져 기세고 고집 센 사람으로 낙인찍히기도 합니다.

여자는 스스로 긍정 감정을 만들어 삶의 에너지로 활용할 수 있는 힘이 있습니다. 그러나 인간관계에서 상대가 기준인 여자는 대상 중심으로 몰입하고 헌신하는 에너지로서 상대 기분과 감정에 따라 자기감정이 좌우된다는 단점이 있습니다. 관계가 좋거나 행복할 때는 긍정 감정이 증폭되어 되로 받고 말로 주지만 그렇지 않을 때는 까칠한 부정 감정으로 다양한 문제를 발생합니다.

여자의 마음은 상처로 훼손되거나 보호받지 못한 상태로 방치되면 좋지 않은 심리 작용을 합니다. 그러나 건강한 부모의 든든한 지지와 보살핌을 받은 여자는 심리 훼손이 적습니다. 그렇지만 엄마는 여자와 같은 동성이며 서로 보호받아야 하는 관계입니다. 크고 작은 감정 다툼과 질투 감정이 유발하는 관계이기도 합니다. 하지만 여자에게 아버지는 든든히 보호해 줄 바람막이고 울타리입니다. 이처럼 부모에게 사랑과 보호를 받은 여자는 성인이 된 후에도 성 행동보다 사랑하는 마음과 순수한 연애 감정이 중요합니다.

크고 작은 심리 문제가 있는 여성은 때때로 이성에게 적극적인 신체 접촉과 성관계를 요구하기도 합니다. 그런데 남자가 거부하거나 바라지 않으면 자신에게 매력을 느끼지 못하는 것으로 인식해 몹시 자존심 상해 합니다. 이런 여성은 남자는 모두 이성에게 신체 접촉과 성관계를 하고 싶어 한다고 믿습니다. 따라서 신체 접촉과 성관계는 자신에게 매력을 느끼고 관심 두는 행위로, 상대 욕구를 간파해 자극했으니 당연히 자신에게 빠질 것으로 생각합니다.

시대적 변화의 흐름과 상관없이, 여자의 성 심리는 상대를 남자로 인식하면 성적 기대감과 성적 상상을 하는 것이 아닙니다. 여자의 성 심리는 사랑입니다. 성 행동은 사랑하는 마음의 표현이자 책임입니다. 굳이 묻지 않아도 상대의 사랑을 확인한 후의 행동이기에 자신과 미래에 관한 책임이 있을 것으로 판단한 행동입니다.

그러나 사랑하는 감정과 상관없이 쾌락과 성욕을 주체하지 못해 성관계하고 싶어 하거나 작은 관심에도 쉽게 성관계를 허락하는 사람도 있습니다. 이는 과거와 현재의 상처로 발생한 상실감과 불안심리를 해소하기 위해 누군가의 관심과 만남에서 성관계를 요구하는 것입니다. 이는 불안과 상실감에서 벗어나고 싶은 불안정한 심리에서 비롯된 행위입니다. 이런 행위에서 잠시 관심과 사랑받는다는 착각으로 자신을 던져버리는 행위입니다.

남자든 여자든 성인이 된 후 성관계에 관한 결정은 온전히 자기 몫이며 자기 책임입니다. 하지만 상대의 심리를 외면하거나 모르기에 자기 방식의 해석과 기대와 행동으로 돌이킬 수 없는 결과를 만들기도 합니다.

따라서 사랑하는 사람과 좋은 관계를 바란다면, 서로의 마음과 감정을 알고 소통하여 갈등을 없애고 상처와 스트레스를 예방해야 합니다.

성관계가 없어도 정서적 관계만으로 사랑할 수 있는 남자는 없습니다. 있다면 사랑하는 여자가 성관계를 바라지 않기 때문에 기다리는 남자, 다른 성향이거나 과거 심각한 성 문제로 조심하는 남자, 혹은 성적 콤플렉스 등 분명 이 중 하나의 문제를 가진 사람입니다.

성은 두 사람 간의 관계이며, 성 행동을 하기 전에 남녀 모두 심리가 움직이고, 심리를 움직인 정보는 각기 다릅니다. 서로의 다름을 애써 이해하거나 함부로 인정하지 말아야 합니다. 스스로 통제와 절제를 잘하는 사람도 있지만 그렇지 않은 사람도 있습니다. 또한 남자가 사랑하지도 않은 사람과 성관계할 수 있다는 것을 이해하지 못하는 사람도 있습니다.

모든 사람이 사랑의 감정과 상관없이 얼마든 성관계를 할 수 있도록 만들어놓은 것은 자유롭게 성관계하라는 것이 아닙니다. 자기 통제와 절제로 건강한 성관계를 하라는 누군가의 계산된 작품일지도 모른다고 생각합니다.

마음에 든 상대하고만 성관계를 할 수 있도록 성 심리가 작용한다면 아마도 인류가 멸종되었을 것입니다. 반대로 마음과 상관없이 자기 최면만으로, 얼마든 성관계할 수 있도록 했다면 인구가 폭발적으로 번식했을 가능성이 있음을 상상하게 됩니다.

남자는 성취욕과 성욕, 두 가지만 있을 뿐 다른 것은 없습니다. 여자는 성욕이나 성취보다 마음, 즉 감정이 중요합니다.

대화는 소통과 다르다

사람들은 소통과 대화를 같다고 생각하지만 다릅니다. 소통은 상호 의사전달이고, 대화는 의견과 감정을 교류하는 것입니다. 언행으로 하기에 같다고 생각하지만, 의미는 전혀 다릅니다. 대화는 특정한 사건이나 문제를 해결하기 위한 의견 협의 과정이며 이 과정에서 감정이 발생하는데, 인간관계에서 감정이 발생하는 경우는 심리작용을 할 때입니다. 결국, 대화에서는 의견 협의와 함께 심리작용을 하면서 감정 교류도 함께 합니다.

따라서 대화는 의견과 감정이 공존하면서 말과 행동과 표정을 서로 주고받는 과정입니다. 의견을 맞춰가려는 목적의 대화는 감정을 배제하는 것이 중요하며, 감정이 개입되면 의견 협의는 어려워집니다.

만일 의견 협의를 위한 대화에서 부정 감정이 개입되면 상대 의견은 모두 부정되어 아무리 좋은 의견, 필요한 의견을 말하더라도 듣고 싶지 않고 자존심 상하여 기분이 나빠집니다. 결국 상대도 감정 대립을 하면서 대화는 단절될 수밖에 없으며 대화가 아닌 감정 대립과 다툼이 됩니다. 이렇게 대화가 단절되면 모든 문제의 원인을 상대 탓으로 돌립니다. 의견 협의 과정에서 감정개입은 의견보다는 감정이 앞서기 때문에 해결할 수 없는 지경이 됩니다.

대화는 일방이 아니라 쌍방의 소통입니다. 한 사람이 일방적으로 이야기하고, 다른 한 사람은 듣기만 하는 것은 대화가 아니라 상대에게 전달하는 통보일 뿐입니다. 대화는 자신과 상대가 서로 의식과 무의식에 의한 말과 행동과 표정을 전달하는 상호 심리작용입니다. 이러한 심리작용의 결과로 이견이 조율되고, 감정이 발생합니다. 이것이 대화 심리에 의한 결과이고 원리입니다. 따라서 대화는 심리작용의 가장 핵심적인 수단이며 목적은 의견 협의와 감정 교류입니다. 대화에는 반드시 의견과 감정이 함께 공존하기에 특정한 목적에 따라 방법이 달라야 합니다. 의견 협의를 위한 대화는 주로 남자가 선호하며 의견, 가치, 관념의 기준을 갖기 때문에 의견에 대해 맞고 틀린 것을 판단합니다. 남자는 아무리 좋지 않은 감정일지라도 대화를 의견 협의를 위한 과정으로 인식합니다.

반면 여자는 감정 교류를 위한 대화를 자신도 모르게 선호하며 그렇게 흐릅니다. 그것이 여자에겐 심리작용의 수단이고 감정 교류를 통한 심리안정과 치료이며, 문제해결입니다. 감정 기준의 마음을 가진 여자는 의견으로 시작해도 과정에서 감정 중심으로 대화합니다. 하지만 대화는 의견 협의와 감정 교류의 두 가지 목적을 갖기 때문에 둘 중 하나를 선택하는 것이 필요합니다. 이 두 가지의 목적이 어떻게 작용하는지를 모르면 대화의 심리를 알 수 없습니다. 따라서 문제해결을 위한 대화를 할 때는 의견 협의를 할 것인지 감정 문제를 해결할 것인지에 따라 달라지므로 이를 정확히 정해야 합니다. 예를 들어 사업의 성공에 관한 대화에 감정이 개입되면 사업 성공보다 자기감정이 더욱 중요하게 흘러갑니다. 사업의 흥망보다, 감정이 좋아지도록 하는 심리가 작용하면 목적과는 다른 엉뚱한 방향으로 흘러갈 확률이 매우 높습니다. 이 때문에 대화할 때는 의견 협의 목적인지, 감정 교류 목적인지 결정한 후 인지하고 시작하는 것이 다툼 예방을 위해 도움이 됩니다.

✳ 대화의 수단

대화는 의식적으로 하거나 습관적으로 합니다. 친한 관계일수록 의식보다는 습관적인 말과 표현으로 대화합니다. 특히 좋지 않은 상황에서 대화하게 되면 평소에는 아무렇지 않았던 상대의 습관적 말과 표현에도 화가 납니다. 대화는 문제를 원만히 해결하고 오해를 풀기 위한 과정으로, 좋지 않은 상황일수록 신중해야 합니다. 따라서 대화 시작하기 전에 감정이 교류될 것 같은지 의견 협의를 위해 무리가 없을 것인지 판단 후 대화해야 합니다. 감정 교류에는 감정이 개입됩니다. 감정 개입은 좋을 때는 문제되지 않지만 좋지 않을 때는 치명적입니다. 따라서 감정은 배제한 상태로, 의식 심리만 작용하는 의견 협의를 위해서는 문자와 글로 의견을 표현하는 것이 좋습니다. 그래야 좋은 결과를 도출할 수 있습니다. 말과 행동과 표정은 감정 교류를 위한 대화 수단이지만, 문자와 글은 의견을 교환하는 수단으로 활용합니다.

대화의 상황과 환경과 목적에 따라 수단과 방법을 선택해야 합니다. 표현은 자기감정인 심리를 표현하는 방법이지만, 글과 문자는 자기 생각에 대하여 상대가 의식으로 생각하기 때문에 의견표현의 방법이 됩니다. 만일 글과 문자를 읽고 감정이 발생했다면, 이는 대부분 보는 이의 감정과 결합한 결과입니다. 하지만 상대에게 그 원인을 돌립니다. 또한 글 속에 이모티콘 표정을 담는다면, 이는 감정을 일부 표현하는 시각 정보로 인식됩니다. 문자와 글을 교환할 때 이모티콘, 캐릭터 등은 상대에게 자기감정을 정확하게 표현할 수 있는 수단으로, 온라인 채팅과 게임에서 많이 사용합니다. 말과 행동과 표정은 심리를 표현하는 수단으로, 때로 상대는 자신이 보고 듣고 느낀 것을 종합하는 과정에서 왜곡된 상태로 인식하기도 합니다. 예를 들어, 상대에게 밝고 환하게 웃으면서 욕하고 있지만, 상대가 귀를 막고 있다면 상대에게는 긍정 감정이 발생할지 부정 감정이 발생할지 생각해보길 바랍니다.

상대는 사실과 다르게 왜곡된 생각을 하면서 인식하는 현상이 발생합니다. 바로 인식과 자각의 오류가 발생한 것입니다. 따라서 의견과 감정이 통합되어 대화하면 자신은 상대의 표현에 대한 왜곡된 감정이 발생할 수 있고, 상대는 나의 표현에 대한 왜곡된 감정이 발생할 수 있습니다. 그러므로 의견보다는 감정을 앞세우게 되면서 대립할 가능성이 매우 커집니다. 이처럼 대화는 의견과 감정이 동시에 발생할 수 있으므로 의견교환 목적일 때는 가능하면 문자와 글로, 감정교류 목적일 때는 가능한 말과 행동과 표정을 이용하면 좋습니다. 의견과 감정을 동시에 교환할 필요가 있을 때는 대화의 수단이 상호 연결될 수 있도록 해야 합니다. 대화가 되지 않는 좋지 않은 상황일 때 상대가 감정표현을 한다면 들어주어야 합니다. 상대의 감정표현이 어느 정도 끝이 나면 잠시 쉬고 의견을 주고받는 것이 좋습니다.

✦ 감정과 의견

대화에서 특정 사건과 주제를 보면 반드시 의견과 감정으로 분리됩니다. 그 사건과 주제에 대한 의견과 감정이 함께 공존합니다. 이때 의견은 자기 생각의 의식 심리이기 때문에 매우 객관적이고, 지식을 기초로 하며, 경험과 다양한 기억과 생각에 따라 작용합니다.

반면 감정은 매우 주관적이며, 어떤 감정을 기억하고 있고, 어떤 습관 심리가 있느냐에 따라 달라집니다. 상대 의견이 자신에게 부정 감정을 유발한다면, 의견은 좋을지 몰라도 감정은 좋지 않습니다. 그러면 부정적인 의견이 나올 수밖에 없고 같은 의견일지라도 부정적인 의견이 나오며 관점이 달라집니다. 그러나 긍정 감정이라면 상대의 의견과 관계없이 상대의 의견이 이해되면서 좋아집니다.

이에 따라 상대 의견이 아무리 좋아도 자신의 감정이 좋지 않으면 의견을 객관적으로 볼 수 없습니다. 그러나 감정이 개입되면 의견은 중요하지 않고 좌지우지됩니다. 즉 감정이 좋으면 의견은 무조건 좋아지고, 감정이 좋지 않으면 의견은 무조건 좋지 않습니다. 의견과는 관계없이 감정이 개입되어 같은 감정을 갖게 되며, 객관적 의사 결정보다 감정에 의한 의견이 크게 작용합니다. 이유, 조건, 맞고 틀리고는 중요하지 않으며, 일치된 감정을 내세워 하나로 쉽게 통일됩니다. 대체로 군중심리, 대중심리가 이에 해당하며 선전, 선동에서 많이 사용합니다. 이와 같은 현상이 발생하면 감정이 동일하게 상승하고 동질성이 확보되어 좋겠지만, 조율할 수 없습니다. 의견에 따른 문제가 발생할 가능성이 매우 크고, 의견의 법적 윤리적 도덕적 기준은 그리 중요하지 않게 됩니다.

대화하는 사람들이 서로 다른 감정이면, 무조건 상대와 반대의견으로 경쟁하면서 이기려고 합니다. 그 이유는 자기감정에 맞춰지면 자신은 긍정 감정이 되지만 상대는 부정 감정이 발생하고, 반대로 상대 감정에 맞춰지면 상대는 긍정 감정이 되지만 자신은 부정 감정이 발생하기 때문입니다. 따라서 서로 감정 대립을 하면서 무조건 반대의견으로 경쟁하려고 합니다. 문제를 무조건 상대 탓으로 돌리고 자기는 잘못이 없다고 인식합니다. 결국 끊임없는 대립과 감정싸움을 지속하게 되는 원인이 됩니다. 이런 경우 대부분 이해와 배려를 하지 못하기 때문에 문제가 지속됩니다.

반면 감정이 배제된 상황에서는 의견이 같든 다르든 관계 없이 지식과 경험으로 객관적인 조율을 하므로 합의와 결과를 도출하기 쉽습니다. 이렇게 이견조율 후 감정을 교류하면 상호 감정 교류도 편안해지고 두 사람 모두에게 긍정 감정이 발생합니다. 즉 이해와 배려가 매우 쉬워집니다. 따라서 의견과 감정 교류가 동시에 발생할 대화를 할 때는 제일 우선으로 감정을 배제한 상태에서 조율하고 난 후 감정을 교류하면 편안한 대화를 할 수 있게 됩니다.

만일 감정이 격해진 상황이라면 잠시 대화를 멈추는 것이 좋습니다.

✶ 대화 심리

남자와 여자는 대화를 인식하는 것이 다릅니다.

아내가 출근하는 남편에게 이렇게 말합니다.

"오늘 얘기 좀 해! 퇴근하고 일찍 들어올 수 있지?"

남편은 짜증부터 납니다. 그래서 자신이 잘못한 것이 있나 생각합니다. 남자는 대화를 문제로 인식하여 스트레스를 받습니다. 부정 감정이 발생하여 대화를 거부합니다.

반면 여자는 대화를 해결의 출발로, 즉 문제해결로 인식하기에 좋은 감정이 작용합니다. 그러나 불안정한 상황일 때는

다릅니다. 남자는 대화를 문제해결의 수단으로 인식하기에
좋은 감정을 갖습니다. 반면에 여자는 대화를 문제로 인식하
기에 스트레스를 받습니다. 이는 대화를 서로 다르게 인식하
는 것으로, 상대가 대화를 어떻게 인식하는지 알게 되면 의
견과 해결을 위한 다툼이 줄어들게 됩니다.

의사소통은 의견만 서로 주고받는 것으로, 이 과정에서 심
리작용은 이루어지지 않습니다. 의사소통은 동물과 인간 모
두 할 수 있지만 대화는 인간만이 할 수 있습니다. 기본적으
로 남자는 대화를 문제해결의 수단으로, 여자는 대화를 감정
교류의 수단으로 인식합니다.

남자에게 의견 교류를 위한 대화는 좋은 감정을 발생시킵
니다. 남자들끼리 이야기하면 매우 수다스러워지며, 이때 대
화에 감정은 개입되지 않습니다. 그런데 일상에서 남자와 여
자가 대화할 때는 상황이 다릅니다. "그랬어, 힘들었지, 싫
었겠구나" 하는 공감의 표현이 서로에게 좋은 감정을 만듭
니다. 그렇지만 남자는 대화의 주제와 구체적인 이야기 없
이 그냥 대화하자고 하면 부정 감정인 스트레스를 받습니다.
"대화하자"라고 말하면 '왜 나와 이야기를 하려고 하지? 무
슨 문제일까?'라고 생각합니다. 반면 여자에게 "대화하자"라
고 말하면 뭔지 모르지만 '관심과 해결'의 긍정 감정으로 기
대합니다.

남자와 여자가 현명하게 대화하기 위해서는 대화에 대한 인식과 수단이 서로 다르다는 것부터 정확히 알아야 합니다. 그러지 않으면 원만한 대화를 나누기가 어렵습니다. 남자에게는 내용을 먼저 언급하거나 해결 방법에 관한 이야기를 먼저 해야 하며, 그 후 내용을 상세히 설명해야 합니다. 이미 결론을 이야기했기 때문에 편안한 대화를 할 수 있습니다.

　　그런데 여자는 해결보다 내용이 먼저 나와야 합니다. 어떻게 하면 해결되는지보다 문제가 왜 발생하였는지, 원인이 무엇인지, 어디가 잘못되었는지 등 자세한 내용이 분석되어야 합니다. 그 후 해결에 관한 이야기를 하면 상처받지 않고 대화를 편안하게 할 수 있습니다.

결혼 후

　사랑하는 남성과 여성이 결혼하여 가정을 이루게 되면 남성은 가장으로 여성은 아내로서 책임감을 느끼는 심리 변화를 겪게 됩니다. 연애 시절 씌워진 핑크 렌즈 효과에서 벗어나면서 장점으로 인식했던 것들이 단점으로 느껴지기 시작합니다. 여성에 대한 남성의 열정은 남성의 진정한 사랑인 무한 책임 의식으로 변화하게 됩니다. 여성의 사랑은 자식과 남편에게 헌신하고 희생하는 모성애로 변화하게 됩니다.

　그 순간…….

　남성은 여성에 대한 열정이 감소하고, 그 대신 자기화된 무의식의 사랑인 무한 책임 의식을 만들면서 외부 성취욕을 강화합니다. 이에 따라 여성이 남성에게 받는 사랑의 느낌과 확인 감소로 여성으로서 행복이 감소되지만, 사랑하는 남편과 아이들에게 희생하고, 헌신하며 엄마로서 행복으로 채워집니다. 즉, 받는 사랑 대신에 주는 사랑인 모성애를 만드는 것입니다.

이 같은 남성의 무한 책임 의식과 여성의 모성애적 사랑은 위대한 사랑입니다. 하지만 안타깝게도 이러한 위대함은 동시에 섹스리스, 권태기, 부부 위기 등의 원인이 되기도 합니다. 남성과 여성은 사랑하는 대상을 중심으로 믿음과 신뢰를 바탕으로 가정을 꾸립니다. 하지만 각기 다른 심리작용으로 오해와 불만이 쌓이게 되어 부부간의 갈등과 문제가 하나둘씩 쌓입니다.

새로운 사람과의 관계도 생기고 서로의 마음가짐과 행동에 변화를 맞습니다. 그중 가족의 개입과 역할요구는 부부 사이를 멀어지게 합니다. 두 사람만 살아도 헤쳐 나가기 힘든 것이 결혼입니다. 결혼은 자기를 낳아주고 키워준 부모에서 배우자로 '우선순위가 바뀌는 것'입니다. 부모에게 의지하며 보호받다가 성인이 되면 스스로 책임질 준비를 합니다. 결혼을 하면 부모의 울타리를 벗어나 배우자를 책임지고 보살핍니다. 보호하고 책임지며 의지했던 부모에서 배우자로 중심이 바뀌는 것이며, 부부로서 서로 보호하고 책임질 의무와 권리를 갖추는 것입니다.

이런 변화는 부모도 알아야 하며, 결혼한 자녀에게 부양받

길 요구하거나 당연시해서는 안 됩니다. 며느리 처지에서 시부모는 무엇을 해줘야 하는 사람이고 친정은 쉴 수 있는 곳입니다. 시부모 또한 며느리로서 '당연히 해야 할 것'들이 있다고 생각합니다. 하지만 친정 부모는 딸이 안쓰럽고 푹 쉴 수 있도록 배려해줍니다. 이처럼 시댁과 친정 양가 부모와 결혼한 자녀의 의식은 다릅니다.

부부의 삶은 서로 의지할 수 있는 관계이지만 언젠가 무엇 때문이든 혼자가 된다면 혼자의 삶을 살아갈 수 있도록 마음의 준비를 해야 합니다. 언젠가 혼자된 삶을 준비하기 위해서는 경제적인 부분도 중요하지만, 마음과 생활의 준비도 필요합니다. 퇴직 후 집안일과 요리를 배우고 소일거리를 찾거나 지금까지 살아오면 깨우친 것들을 다음 세대들에게 알려주는 등 새로움을 찾는 것은 노년의 삶이 유익해질 것입니다.

따라서 '당연한 것'들과 '요구'를 없애면 감사와 감동만이 남으니, 이보다 더 행복한 삶은 없을 것입니다. 완벽하게 준비된 사람은 없습니다. 다만 그렇게 살기 위한 끝없는 노력하는 것이 인생이지 않을까 생각해봅니다.

자신이 보호하고 책임질 사람은 서로의 배우자이고, 자녀는 건강한 가정을 꾸려 자신의 배우자와 자녀를 온전히 홀로

설 수 있도록 하는 것이 내리사랑의 흐름이고 순리입니다. 따라서 부모는 혼자된 삶을 준비할 때 경제적 정서적 부분을 항상 고민해야 합니다. 부모의 부부 관계가 좋지 않으면 자녀에게 의존하고 기대어 자녀가 온전한 결혼생활을 하지 못하도록 부모와 자기 가정에 한 발씩 걸쳐놓게 합니다. 그렇게 되면 자녀는 자기가 만든 가정조차 온전히 지키지 못하게 됩니다. 이런 관계에서 오는 많은 문제는 어떻게 하지 못하여 초심이 사라지고 갈등과 회의로 후회를 남기게 합니다.

갈등을 피할 수 없더라도 각자의 본질과 역할을 이해하여 후회와 파탄을 막아야 합니다. 결혼으로 수많은 문제와 갈등이 있어도 부부 두 사람이 함께 방안을 찾는다면 어렵지 않습니다. 문제는 갈등 지속은 후회와 함께 부부 사이도 멀어지게 합니다. 따라서 결혼 후 발생할 수많은 문제보다 어떻게 살았는지, 무엇이 가장 소중한지를 생각해봐야 합니다.

✦ 결혼 후 심리 변화

남성은 사랑하는 사람, 미래를 약속하거나 결정한 사람은 결혼 후 여성에게 사랑의 표현을 굳이 하지 않아도 된다고 생각합니다. 더 나은 풍요와 행복을 만들어 주기 위해 물질적인 것에 비중을 두며 몰입하게 됩니다. 그것이 현실적인 사랑이고 사랑하는 사람이 정해졌으니, 당연히 상대를 위해 해야 할 의무로 여깁니다.

"나도 힘들고 지쳐. 하지만 누구 때문에 이 고생하며 돈 버는데!"

"나는 힘들지 않은 줄 알아? 돈이 전부야? 돼지도 아니고 밥 못 먹고 사는 것도 아닌데, 어떻게 사람이 이렇게 싹 변할 수 있어? 표현하지 않는데 사랑하는지 어떻게 알 수 있어!"

서로 다른 견해 차이를 이해하거나 좁히지 못하고 다툼으로 끝날 때가 많습니다.

그러나 자녀가 생기면 이런 다툼조차 시들해집니다. 그때부터는 믿음과 의리 그리고 정으로 산다고 합니다. 여성은 큰 문제 없는 일상을 행복으로, 남성은 왠지 모를 쓸쓸함을 느끼며 체념합니다. 남성은 결혼 후 사랑의 표현보다 경제적 안정에 비중을 두는데, 이것은 자연스러운 변화입니다. 여성은 안정된 삶도 중요하지만 사랑의 확인이 필요합니다. 자신을 아직도 사랑해주는 남편의 말과 행동으로 사랑을 느낄 때 편안함과 안정감을 느낍니다.

"나는 당신을 최고로 멋지게 살게 해주려고 열심히 돈을 버는 거야. 그러니까 사랑한다는 말을 가끔 까먹어도 이해해 줘."

이런 말을 아내에게 해주면 매우 좋습니다.

여성은 결혼하면 남편의 사랑을 믿고 희생과 헌신을 합니다. 그래서 잔소리가 늘어납니다. 잔소리의 의미는 사회생활하는 남편이 내외적으로 뒤처지지 않도록 하기 위한 것입니다. 더 빠른 기간에 경제적 안정을 위해 말해줍니다.

"이건 아니야! 저건 이렇게 해야 해!"

이런 조언은 남편에겐 귀찮은 잔소리로, 아내를 엄마와 동일시하기 시작합니다.

따라서 두 사람 모두 결혼 후 변화에 관점이 다름을 인지하고 조심해야 합니다. 결혼 후 내 편이 된 사람에게 사랑을 재차 확인하거나, 넉넉한 생활을 위해 앞만 보며 질주하는 모습은 부부 관계에 수많은 오해를 불러일으켜 불행의 씨앗이 될 수 있습니다.

"뭐가 이렇게 골치 아파?"

맞습니다. 참으로 어렵고 힘듭니다. 인간관계에서 부부 관계는 가장 힘들고 어려운 관계입니다. 정말 싫다고 확 끝내낼 수도 없고 당분간만이라도 외면하거나 안 보고 살 수도 없습니다.

그렇다면 서로 편할 수 있게 감정 핀 하나 빼놓고, 늘 달콤한 표현을 지속하는 것이 사랑하는 사람을 위한 배려이고 관심일까요?

아니면 이런 표현이 줄거나 사라져도 물질적인 것에 몰입하는 것이 안정된 삶을 제공하기 위한 노력이고 사랑일까요?

✦ 결혼과 역할

"결혼하고 나서 자기는 정말 많이 변했어. 그거 알아?"

"뭐가 변해? 그리고 변하는 게 당연한 거 아니야? 가정이 있고 아이도 생겼는데 어떻게 미혼 때랑 같아?"

결혼하고 나면 남성과 여성은 서로 변했다고 합니다. 틀린 말이 아닙니다. 달리 반박할 말도 없지만, 마음 한편은 씁쓸합니다. 왜 이렇게 서로 변했다고 할까요? 사람은 태어나 죽을 때까지 수많은 역할을 갖게 됩니다. 역할은 많은 사람도 있고 많지 않은 사람도 있습니다.

역할이 많고 적음은 삶에 큰 영향을 미치지는 않습니다. 하지만 서로의 역할이 부부 관계까지 적용된다는 것이 큰 문제를 발생시키기도 합니다.

남자는 남자로 태어나 남자로 살다 남자로 죽습니다. 그래서 남자를 이기적이라고 합니다. 남자로 살다 남자로 죽는 남자는 자기가 가진 정보, 기술, 경험 등을 토대로 옳고 그름을 결정하고 받아들이거나 버립니다. 남자는 감정이 아닌 자기중심적 판단을 위해 다양한 정보와 지식이 필요합니다. 다양한 정보와 지식, 경험은 스스로 판단하고 결정하기 위한 것입니다. 자기중심인 남자는 결혼 후 남편이라는 역할과 아빠라는 역할이 생깁니다. 그러나 역할보다 남자, 자신이 중심입니다. 그래서 자기가 성공하면 가족 모두의 명예라고 생각합니다. 자신이 재미있고 즐거우면 아내와의 관계도 좋습니다. 아이와 노는 것도 자기가 재미있으면 잘 놀아주지만 재미없으면 지속하지 못합니다.

그런데 인정에 목마른 남자는 결혼 후 사회에서의 역할을 내세우거나 인정받기를 바랍니다. 그리고 그 역할은 가정으로 이어집니다. 남편의 역할은 권위적이고 아빠의 역할이 무엇인지 어떻게 해야 하는지 생각하지도 않고 잘 알지도 못합니다. 사회에서 어떤 위치이든 가정에서는 한 여성의 남편과 아이 아빠로 전환하지 못합니다.

남자는 상대를 볼 때도 여자/남자인 사장, 여자/남자인 교수…… 등 역할보다 성별을 먼저 인식합니다. 이렇게 죽는 순간까지 자기중심으로 살다 남자로 죽습니다.

이런 남편에게 아내는 불만이 생깁니다.

"당신한테 난 뭐야? 내가 몸이 몇 개야? 몇 시간 만이라도 아이랑 잘 놀아주면 안 돼?"

하지만 역효과만 나게 됩니다. 이럴 땐 차라리 다르게 표현하는 게 좋습니다.

"우와, 이렇게 해줘서 정말 고마워. 정말 최고구나. 아이랑 너~무 재미있게 잘 놀아주네!"

하지만 쌓인 감정은 이런 말을 하지 못하도록 가로막습니다. 남자는 아이와 같다는 말은 괜히 하는 말이 아닙니다. 그러니 감정은 잠시 접어두고 칭찬으로 띄워주는 것이 좋습니다.

반면 여자는 여자로 태어나 여자가 무엇인지도 모르고 살다가, 결혼 후 아내가 되고 출산하면 엄마가 되어 엄마로 살다 엄마로 죽습니다. 결혼 전에는 분명 사랑하는 남자가 중심이었지만, 아이가 생기면 여자는 어느새 엄마가 됩니다. 그렇게 아이가 중심인 삶으로 바뀌게 됩니다. 아직은 엄마의 손길이 필요한 어린아이를 향한 엄마의 사랑은 너무도 당연합니다. 그렇게 모든 삶에 아이가 중심이 되어 남편도 자신과 같은 아빠의 역할로 살 것으로 생각합니다.

여자는 상대를 성별보다는 역할로 봅니다. 아빠는 아빠, 오빠는 오빠, 존경하는 선생님은 선생님입니다.

"선생님 너무 좋아요!"

나이 든 남자라도 자신을 좋아하는 상대는 여자, 즉 성적 대상으로 착각할 수 있습니다. 이는 남자와 여자가 역할을 다르게 인식한 결과입니다. 이처럼 역할로 상대를 보기에 자신의 아버지와 동년배이거나 싫은 남자가 자신을 유혹하거나 음흉한 느낌을 준다면 큰 충격과 상처를 받습니다.

"어떻게 자식뻘인 어린 사람에게 그런 마음을 품어? 나이 많고 친절하고 좋은 사람인데, 설마 날 여자로 보겠어? 괜찮겠지."

여성으로 보는 거 맞습니다.

여자는 삶의 중심이 자신이 아닌 상대입니다. 따라서 희생과 헌신할 대상이 남편에서 자녀로 자연스럽게 바뀌고, 남편도 그럴 것으로 생각합니다. 결혼과 동시에 생긴 역할로만 사는 것이 어떤 영향을 미칠지 모릅니다. 그렇다고 자녀를 위해 헌신하는 아내에게 남편은 불만을 토로할 수도 없습니다. 자신은 여전히 남자로 살고 있는데 여자의 자리는 비워지고 엄마가 된 아내에게 뭐라고 할 수도 없습니다.

아이를 향한 뜨거운 모성애는 여자만이 가질 수 있는 큰 사랑임은 분명합니다. 하지만 남편에겐 남자로서 여자가 필요하고 여자도 남자의 사랑이 필요합니다. 서로에게 남성과 여성은 성적 대상만은 아니며 뭔가 주고 싶은 대상입니다.

그런데 남편이나 아내가 바람이라도 피우게 되면 그제야 가슴 깊이 자각하며 혼란스러워집니다. 귀찮았던 성욕이 증폭하고, 외모에 관심을 갖고, 상간자를 주시하고 질투하는 등 남자여자가 무엇인지도 모른 채 잊고 살았던 정체성이 되살아납니다. 자녀를 위한 것이라면 못 할 것이 없었지만, 배우자의 바람은 자녀에게 쏟아부었던 모두를 멈추게 합니다. 그제야 남자여자로서의 자존감은 물론 피해의식과 우울증, 혼란을 감당할 수 없습니다. 하필 배우자 외도로 남성과 여성이라는 본질이 깨어난 것입니다.

여자는 아무리 드세고 똑똑해도 남편이라는 남자에게 사랑받을 때가 가장 행복합니다. 남자도 아내의 지지와 인정이 가장 큰 행복입니다. 아내의 잔소리는 정말 싫지만, 결과적으론 남편이 아내 말을 따릅니다.

가족 모두 행복하기 위해서는 여성이 행복해야 합니다. 여성의 행복을 위해서는 남편이 주는 한 바가지 마중물이 필요합니다. 그 마중물로 마르지 않는 물처럼 행복이 쏟아지고, 그것을 바라보는 남편은 뿌듯한 행복을 느끼게 합니다. 어떤 가정이든 아내가 행복하면 모두가 평안하고 행복합니다. 하지만 남편과 자녀에게 맞추며 사는 여성은 희생하고 참으며 속이 시커메져 늘 그늘 뒤에 있습니다.

그래서 문제가 발생하기 전에 결혼 후 맡는 역할의 의미를 알고 노력해야 합니다. 세월이 흘러 외모가 변하고 몸이 아프다고 포기하기보다 "결혼은 노력으로 이뤄진다"는 의미를 되새겨야 합니다. 그런 노력은 끝없는 인내가 아닙니다. 맡

은 역할보다 남성과 여성이라는 본질을 위한 노력이어야 합
니다.

바람피운 상대를 원망하고 탓하며 바뀌는지 아닌지 살피
며 화를 돋우기보다 자기 본질을 찾는 노력이 현재와 미래를
바꿀 지름길입니다. 세상에서 가장 힘든 것은 나를 위한 희
생입니다.

"내가 처음부터 그런 줄 알아요? 모두 저 사람 때문이지!
잘못한 저 사람만 바뀌면 문제없고, 나는 내가 알아서 잘할
수 있어. 지금까지 엄청난 노력을 했지만, 이제는 쓸데없는
노력은 하고 싶지 않아요!"

누구를 위해서가 아닌 자신을 위함이지만 자기 본질을 찾
는 노력은 동기부여도 쉽지 않고, 의지도 약하니 피하게 됩
니다. 외도는 분명 외도자의 잘못이고 바로잡아야 합니다.
하지만 부부 관계와 생활에서 그 역할로 산다는 것은 서로에
게 많은 문제를 발생시킬 수 있기에 반드시 점검해야 합니
다. 바람은 피웠지만 서로가 맡은 역할은 매우 잘하고, 외도
후에도 변함없이 역할에 충실하다면, 가정생활에는 아무런
변화가 없습니다. 그런데도 분노가 치미는 것은 외도자가 본
분을 어기고 다른 이와 정을 통했기 때문입니다.

사람은 변하지 않으니 고쳐 쓰는 게 아니라는 말이 있습니
다. 그러나 위기가 닥치면 지위, 명예, 돈과 학력 등 무엇이든

할 수 있는 '절실함'이 생겨납니다. 분명 바뀌거나 바꿀 수 있습니다.

육아는 아이 스스로 해나갈 수 있도록 환경을 만들어주고 용기와 사랑으로 지지해주면 됩니다. 부부가 서로 사랑하며 사는 모습을 보여주는 것이 자녀의 안정과 자신감을 주는 길입니다. 그것이 부모가 해야 할 책임이지, 아이에게 뭐든 다 해주는 것이 아닙니다. 부부가 서로 에너지가 방전되어 파탄 위기라면 충전 시간을 가져야 합니다. 내가 건강하지 않고 행복하지 않으면 가족의 행복은 되찾을 수 없습니다.

배우자 외도라는 사건이 발생하기 이전에는 왜 몰랐을까 후회하는 경우도 많습니다. 그것은 잘못 살아온 것이 아닙니다. 삶에 치여 남자여자라는 본질을 잊고 그저 역할에 너무도 충실히 살았기 때문입니다. 남자와 여자라는 본질은 자신이 만족하고 평가하는 것이 아닙니다. 그것은 오롯이 상대가 느끼고 인정하는 것입니다.

에필로그

✦

우리 다시 행복해질 수 있을까?

배우자 외도를 겪게 되면 누구나 이혼을 생각합니다. 이 문제를 어떻게 해결해야 할지 마음에서 지워버릴 방법을 찾을 수 없기 때문입니다. 하지만 이혼으로 관계를 정리해도 영원히 지울 수 없는 것이 마음입니다. 좋지 않은 마음과 해결하지 못한 사건과 기만당한 일들은 자존감을 추락시키고 피해의식이 되어 마음에 고스란히 남습니다.

고통 없는 성공은 없고 상처 없는 행복도 없습니다. 여자의 상처는 치유 과정에서 사랑의 에너지가 생성되어 행복을 만듭니다. 남자는 스트레스를 극복하려는 힘에 의한 열정으로 행복을 추구합니다. 남자든 여자든 혼자서는 행복할 수 없습니다. 행복은 희노애락喜怒哀樂이 공존하는 것인데, 희喜와

락樂은 남자의 열정이고, 노怒와 애哀는 여자의 상처입니다. 이때 여자의 상처는 남자의 열정에 의하여 사랑으로 전환되어 서로 교감하고 조화가 형성될 때 행복이 만들어집니다.

좋은 감정과 좋지 않은 감정은 상호작용을 하는데, 좋은 감정은 기쁨과 즐거움이고 남자의 열정이면서 미래 행복을 추구해 나가는 힘이 됩니다. 또한, 좋지 않은 감정은 여자의 상처와 관련된 부분으로 이를 치료하여 사랑과 현재 행복을 추구하도록 합니다. 따라서 희와 락, 노와 애가 각각 분리되어 작용하고 있기에 상처받은 남자와 여자의 심리에 의해 둘이 합쳐질 때 행복이 만들어집니다. 만일 남자의 긍정 감정이 극대화되면 쾌락주의로 가면서 문제가 되기 때문에 안전장치는 여자의 부정 감정입니다. 또한, 부정 감정이 극대화되면 염세주의가 되어 고통이 뒤따르기에 안전장치인 남자의 긍정 감정이 필요합니다. 상처는 행복을 추구하고 만들어 나가기 위해 꼭 필요한 에너지의 원천입니다.

즐겁다고 늘 즐거운 게 아니고, 힘들다고 늘 힘든 것이 아닙니다. 희로애락의 감정이 교차하고 반복하며 살아가는 것이 행복한 인생입니다. 현재 어려움을 겪고 있다는 것은 곧 행복이 찾아온다는 신호이니 희망을 품을 수 있습니다.

이때 주의할 점은 편안함입니다. 편안함은 희로애락의 감정이 없는 상태이고 행복도 불행도 없는 상태를 뜻합니다. 편안함으론 행복을 만들 수 없고 조그마한 스트레스에도 불행해질 수 있기에 불행을 예고하는 것이라 할 수 있습니다.

행복은 감사와 감동에서 비롯되며 감사와 감동은 화려하고 큰 것이 아닌 일상의 소소함과 고난과 역경 극복에서 비롯됩니다. 배우자 외도로 인한 갈림길에서 인내는 불행의 예고이며, 이혼은 파멸입니다. 하지만 서로의 심리를 이해하고 인정하는 것은 과거로 돌아가는 것이 아닌 앞으로 만들어갈 행복의 지혜를 찾는 길입니다.

새로움은 대상을 바꾸고 환경을 바꾸는 것만이 아니며 알게 된 마음가짐으로 새롭게 출발해 가치 있는 행복을 누릴 자격을 갖추는 것입니다. 두려움과 맞서지 못하는 사람은 피할 것이고 새로운 시작을 해도 의심이 함께하니 행복을 찾을 수 없습니다. 배우자 외도를 극복하면 새로운 행복을 만들 수 있으며 상처와 고통의 순간이 오히려 감사함으로 느끼는 순간을 맞이하게 될 것입니다.

권 다 미

✦

행복연구소 상담법인에서는 외도문제 해결과 부부 화합을 위한 치유 과정과 후기를 공유하는 '마인드테라피' 심리 치유 센터를 2013년부터 현재까지 운영 중입니다.

누구에게도 털어놓지도 못하고 무엇을 잘못했는지도 모르는 상황이지만 가정을 지킨다는 목적으로 참 많은 사연과 시간을 함께했습니다. 치유와 화합을 위해 믿고 따라주신 분들께 감사의 말씀을 전합니다.

✳ 나를 찾는 과정

얼마 전 개인적으로 일이 생겨나도 모르게 또 작아지고 움츠러들고 피하게 되었다.

아, 살다. 보면 진짜 별일 다 있다…….

난 교육받은 배운 여자인데 왜 이러는 걸까…….

더욱더 자괴감이 들어. 힘든 마음에 선생님께 SOS를 남겼는데 늘 상냥한? 선생님 목소리…….

그래. 난 거절당하는 게 두려워 먼저 선 긋고……. 사람들과도 늘 적당한 선을 유지하고……. 이런 게 세련된 것이라 믿고. 날것의 감정을 드러내는 사람을 촌스러워했었다.

아이들을 보면……. 상처받지 않았기에 가지고 있는 순수함이 있다. 크게 기뻐하고 크게 슬퍼하며. 좋은 감정 싫은 감정 얼굴에 다 드러나는…….

그래……. 인정하자.

난 상처가 많은 여자고. 여느 여자처럼 치유하며 살고 있지만 배운 여자니까ㅋ 여전히 진행형인 여자.

내 틀에서 이제 벗어나 보자. 내 감정도 표현하고.

나 너 싫은 티도 내고……. 나 너 좋아하는 말도 해보고.

그러고 보니 남편에게도 사랑한다고 말한 적이 없는듯하네…….

집에 오는데 행복연구소 건물이 보인다……. 그 길을 오갔던 내가 보이고. 선생님이 생각난다.

그 개고생도 했는데 이건 양반인 거겠죠 ~:

결론은 우리 모두 나를 찾아 오늘도 계속 가자고요~~♡♡

✦ 오늘도 (잊지 않아)

　언제부터인가 남편 외도 전의 내 모습으로 돌아가고 있음을 느끼고 있다. 새로운 틀을 만들었다고 생각했던 게 자만이었나 보다.

　마음이 다시 힘들어지고 주변을 의식하고 살피고 있는 나를 보며…….

　나를 잃어버리고 있음을 느껴 첫 강의부터 다시 반복 듣기를 시작하려 한다.

　아빠의 외도를 어느 정도 알고 있는 딸이 조용히 말한다.

　"엄마가 아빠에게 화를 내면 우리가 모두 눈치를 본다고."

　뜨끔했다. 나를 다스리지 않고 있구나……. 딸아이에게 미안하다고 사과하고 남편에게도 사과했다. 화내서 미안하다고.

　늘 내 표정을 살피며 주눅 들어 있는 남편의 모습에 짜증이 나면서도 어느새 나는 남편 위에서 폭군으로 군림하고 있는 것은 아닌지. 외도한 남편 앞에 심판자가 되어있는 건 아닌지…….

　어느 교회 벽에 이런 글이 쓰여있다.

　결혼의 목적은 행복이 아니라 거룩함입니다.

　개인의 행복만을 바라고 추구하면 나고 상간녀가 될 수 있다. 그러나 결혼을 통한 거룩함을 이루려면 나만의 행복을 추구하기보다 모두의 행복을 추구해야 할 것이다. 내 아이들이 행복하길 바라고 내 아이들의 세상가족, 친구 관계이 행복하길 바란다. 그 세상에는 애들의 아빠도 들어 있다. 진정 사랑하는 나의 아이들과 아이들의 세상과 나의 삶을 위해 다시 강의 듣고 허물어져 가는 틀을 다시 새우고자 한다.

진정으로 원하고 바라는 나의 삶을 잊지 말자.

✳ 선생님께서 교육해주신 것은 결국

남편이 외도가 있든 없든
나 자신은 행복해야 하고
내 행복은 내가 만들고 남편이 만들어 주는 게 아니고
관심과 위로는 일시적 진통제
나중에는 더 큰 위로만 원하는 상처만 남길 테니까
그러다 잘못된 위로와 관심만 바라는 태풍의 눈이 되지 않게요.
그러지 않으려면 심리를 아는 게 첫걸음이었어요.
알고 이해하고 인정하는 거
전 여자니까…….
의심하고 뒤지고 캐는 거
그것도 나를 불행하게 하고 남편에 대한 집착도

사랑 같지만 결국 난 불행하다 느끼니까

관심 끄라고 하신 거군요.

내가 나 자신을 휘둘리게 한 거군요.

그래서 그렇게 야단쳐 주신 거였어요.

제가 맨날 상담가가 싫어, 아파, 선생님 너무 만나기 싫어.

절 아프게 하신 것도

제가 자꾸 상처를 피하니까

그래서 치유가 안 되니까

그런 저에게 모진 말씀하시면서

선생님은 더 아프셨겠네요……. 죄송해요.

이런 상태로 이혼해서도 안 되고

그걸 바라는 것도 아니라면

제가 저 자신으로 살 수 있도록

좀 더 나은 내가 되도록

내 감정을 내가 주체적으로 선택할 수 있도록

저에게 집중할게요.

그렇게 열심히 저에게 개판 오 분 전이던 저를

포기 안 해 주셔서 감사해요.

이제야 조금 정말 조금이지만 마음으로 알 것 같아요.

✴ 안녕하세요

안녕하세요? 시간이 벌써 이렇게 흐르는지도 모르게 바쁜 일상을 살고 있었네요.

선생님들 모두 건강하시죠? 회원님들도 다들 힘내서 잘 지내고 계실 거라고 믿습니다.

이런저런 우여곡절 끝에 완전한 싱글 라이프를 살고 있는 게 그게 벌써 1년도 더 지났습니다. 믿어지지 않습니다.

정말 힘든 순간 살고 싶어 찾아갔던 행복연구소 덕분에 저 자신을 다시 돌아보는 계기가 되었고 저 자신을 조금은 제대로 알게 되었습니다.

그리고 활력을 되찾은 덕분인지 저를 좋다고 하는 남자친구도 생겼습니다. 관계를 어떻게 지켜나가야 하는지 어떤 나의 모습이 문제가 있었는지 깨달아서 그런지 지금까지는 좋은 관계를 유지하고 잘 만나고 있습니다.

더불어 전 남편이지만 한 때는 나랑 지지고 볶던 그 사람도 이제는 좀 잘 살았으면 좋겠다는 마음이 들기도 하고요.

용서를 정말 했다기보다 전남편의 외도, 배신, 내연녀의 협박 등, 지난날을 되돌아보는데 이상하리만치 전혀 화가 나지 않더라고요. 그저 인간적으로 삶을 좀 잘 살기를 바라는 마음입니다. 여러분 모두 아픈 마음과 자괴감에 몸부림치는 시간을 겪는 분 이미 겪으신 분들이 계시지만 그냥 자신을 믿고 사랑하는 게 제가 찾은 결론입니다.

완벽한 사람은 없고 그런 불완전한 나라는 존재를 다독여 살아가야 하는 건 저 자신뿐이니까요. 항상 화이팅하시고, 새해 복 많이 받으세요!

✳ 교육받으며

정말 내가 바닥에 있을 때……. 기어서 오다시피 왔던 행복연구소…….

성공 사례? 도보이지 않고 상처 치료교육이라는 게 뭔지도 모르는 상태에서 시작한 상담과 교육. 성공 사례가 없는 건 누군가에겐 그것 또한 상처가 되기에 마케팅으로 활용하지 않는다는……. 이 글이 오늘 마음에 콕 박히네요.

남편 외도로 많은 분이 느끼시는 고통 저도 처절히 느껴봤고 잠든 아이 얼굴 보며 울며 잠든 시간. 많은 고통의 글들을 보면 어떤 위로의 말이라도 남기고 싶은데……. 그 또한 저한테 상처가 되더라고요. 하지만 여자는 상처를 기억하기에 위대할 수 있다는 말 공감합니다. 상처 잊지 않으려 매일매일 여기 글 읽고 녹음파일 반복해서 듣습니다.

전 선생님 무조건 믿고 따르고 과제와 시키는 건 어떻게든

이 악물고 하려고 노력했습니다. 이 지옥을 나가고 싶었으니까요.

상담소 앞을 수도 없이 지나다녔지만, 그곳에 행복연구소가 있는지도 몰랐던 저였지만…….

이젠 그때의 저는 될 수 없겠죠.

하지만 교육받으며 자신을 돌아보고, 나를, 사랑할 수 있는, 기회를, 갖게 된 점은 감사의 마음이 드네요.

저 참 상처 많은 인생인데.

그래도 망가지지 않고 이렇게 치료하며 사는 것. 저 자신이 요즘 조금은 자랑스럽습니다.

모두 모두 힘내세요. 정말 응원합니다!